TEMPFER--REL

MÉMOIR

DU CHEVALI[ER]
DE RAVAN.

PAGE

DE S. A. R. LE DUC RÈGE[NT]
ET MOUSQUETA[IRE]

TOME III.

A AMSTERDAM,

Aux Dépens de la Compagnie
M. DCC. LXXXII.

MÉMOIRES
DU CHEVALIER
DERAVANNE,
PAGE
DE S. A. R. LE DUC RÉGENT,
ET
MOUSQUETAIRE.

LE reste de la route se fit aussi gaiement que nous l'avions commencée; nous arrivâmes à Sainte-Ménéhoud, où mon père s'étoit rendu avec le Chevalier deux heures avant nous, pour prévenir le Lieutenant-Général de la Cour. Il avoit si bien pourvu à tout, que je trouvai chez le Geolier une chambre à deux lits toute prête, & peu après y être entrés on nous y servit un magnifique souper, auquel le Prévôt fut prié, avec mon Avocat, & le reste de ma compagnie.

Je parus le lendemain sur la sellette ; la procédure me fut lue, après quoi on me lut ma grace, & je me retirai. La politesse voulut que je séjournasse le surlendemain pour aller remercier mes Juges. J'employai la matinée à cette cérémonie, & celle de la table prit le reste de la journée & la meilleure partie de la nuit.

Tout étant fini, nous partîmes pour retourner au logis, où nous célébrâmes une fête bachique, avec son octave. Ce fut un abord de toute la Noblesse de plus de six lieues à la ronde. Il y parut même des Gentilshommes, qui me croyant perdu sans ressource, s'étoient déjà éloignés de nous pour se rapprocher de mes ennemis. Leur foiblesse me tint lieu d'excuse valable. Je ne leur en témoignai pas la moindre apparence de ressentiment. Il n'y eut que Ferdinande, qui ne pouvant digérer leur lâcheté, leur repartoit si brusquement quand ils lui parloient, qu'ils n'eurent plus d'envie de lui adresser la parole.

Outre les plaisirs communs, dont je ne

perdois pas une syllabe, je trouvois assez de temps pour avoir celui de la compagnie de mon adorable maîtresse. Elle me renouvella cent fois sa plus vive tendresse, & je ne fus pas en reste pour le retour. Le Chevalier ne laissa pas non plus de travailler à ses affaires; il les avança même jusqu'au point où il aspiroit. Il aimoit ma sœur, & il se contentoit d'une dote assez médiocre, qui lui fut accordée. Leur mariage fut fait en quinze jours de temps; & la solemnité de ce mariage donna naissance à une seconde fête, qui ne fut ni moins longue, ni moins gaie que la première. Il me tardoit d'en fournir une troisième avec Ferdinande; mais le destin ne l'avoit pas ainsi décidé.

J'en fus en quelque manière dédommagé par le moyen que je trouvai d'engager mes parens à lui permettre de suivre ma sœur à Paris, où son mari l'emmenoit. Pour moi, j'étois de ce voyage le premier en date. Ma reconnoissance m'y conduisoit pour remercier le Duc Régent de ses bontés, & pour apprendre mon sort de sa bouche même. Le voyage se fit avec autant d'agrément qu'on puisse se l'imaginer. Que me manquoit-il pour être heureux, ayant le plaisir d'être avec mon incomparable Ferdinande?

A mon arrivée, je fus faire la révérence à mon Prince au milieu de toute sa Cour. Il m'apperçut, & malgré les audiences qu'il donnoit, il trouva le moment de me dire en propres termes: *Je te vois bien; je t'attends ce soir pour apprendre des nouvelles.* Je n'en demandai pas davantage, & ayant volé à notre appartement, je réjouis nos Dames & mon beaufrère, en leur consacrant tout le reste de la journée. Nous la mîmes à profit, & nous nous promenâmes tout le jour dans Paris, nous réservant, mon ami & moi, à leur faire voir les dehors le lendemain sans plus tarder. Il falloit satisfaire au plus vîte leur curiosité, pour qu'elles ne s'occupassent plus que de l'amour.

Je me rendis au Palais-Royal au temps marqué; j'entrai chez le Prince comme l'Abbé Du Bois en sortoit. Heureusement qu'il avoit un air content, sans quoi j'aurois passé tout près de lui sans dire mot. Je m'arrêtai brusquement quand je fus sous ses yeux. S'arrêtant lui-même; hà, hà, te voilà donc, me dit-il en jurant à son ordinaire! tu es ma foi plus gras qu'un chapon nourri à la pâtée! je crois que les filles les plus dodues de ton village se sont liquéfiées pour t'engraisser. J'en aurois grand besoin, ajouta t'il; mais où en trouver dans Paris d'un sang pur & d'une bonne graisse ? Ces carognes ne m'ont pas laissé une once de chair sur les os. Là, là, Mr. l'Abbé, lui dis-je, ne murmurez pas tant de votre sort. Quelque desséché que vous soyez, vous serez toujours d'un grand mérite dans la Faculté. Elle vous regarde d'avance comme le meilleur sujet sur lequel elle ait jamais exercé ses démonstrations Anatomiques. Va, va, si elle me destine à être un monument d'Ostéologie après ma mort, elle s'attend à travailler sur toi pendant ta vie, pour pratiquer la Myologie sur ton cadavre demi pourri. Hasard, lui repartis-je, j'aurai du moins la consolation de me voir perfectionner, par la séparation qu'on fera *du pur d'avec l'impur* dans mon corps vivant. Au reste, repris-je, comment ménage-t'on ici les plaisirs ? Belle demande ! toujours à l'ordinaire, mon ami, toujours à l'ordinaire. La diversité des mets & l'inconstance du goût en font tout l'assaisonnement. Adieu, je suis pressé ; on vint hier au soir m'avertir de l'arrivée d'une beauté Provinciale par le carrosse de Rheims ; il faut que je me dépêche pour la raccrocher, de peur que quelqu'autre ne s'en empare.

Ces dernières paroles m'ayant frappé au cœur, me donnèrent un pressentiment que ma chère Ferdinande étoit la Beauté qu'il couchoit en joue. Elles étoient les seules Dames, ma sœur & elle, qu'il y eut dans le carrosse de Rheims. Il n'en falloit pas tant pour m'alarmer ; aussi parus-je en présence du Prince d'un air inquiet & embarrassé. J'eus beau faire des efforts pour le lui cacher, ma foi rien ne lui échappoit. *Qu'as-tu donc ?* me dit-il en l'abordant ; *tu ne parois pas dans ton état naturel.* La fatigue du voyage fut toute ma ressource.

Il n'insista pas davantage sur cet article : mais me ramenant aussi-tôt à la Cour de Lorraine, il me demanda compte des plaisirs qu'on y goûtoit. *La Princesse*, ajouta-t-il, *ne m'a-t'elle pas oublié ?* Je lui répondis, qu'elle n'avoit pas de satisfaction égale à celle que je lui procurois quand je lui parlois de son frère. On voit, Monseigneur, repris-je, que le seul nom de Votre Altesse Royale lui inspire un contentement qu'elle ne sauroit cacher; tous ses sens & les facultés de son ame sont dans une agréable émotion. Ce n'est qu'aux entretiens que j'avois souvent avec Son Altesse, que je suis redevable de la protection qu'elle m'a accordée: j'en ai reçu des politesses au-dessus de toute expression. *Je n'en doute pas*, répliqua-t'il : *elle aime tout ce qui lui vient de ma part.*

Il passa ensuite à l'affaire que j'avois eue en Champagne; il m'en demanda le récit; & après le lui avoir fait avec beaucoup de naïveté, il m'exhorta à éviter les occasions, parce qu'il pourroit s'en présenter où il ne lui seroit pas aussi aisé d'obtenir ma grace. *A propos*, reprit-il sans attendre ma réponse, *as-tu vu l'Abbé ?* Oui, Monseigneur, lui dis-je ; le hasard me l'a fait rencontrer sur le degré du Palais, où il m'a fait un plaisant compliment ; & je lui répétai mot à mot tout ce qu'il m'avoit dit. *Tu l'as donc trouvé*, repartit-il, *auſſi ſcélérat à ton retour qu'avant ton départ ?* Je crois, Monſeigneur, repliquai-je, que c'eſt le ſeul caractère dans lequel il eſt conſtant.

Que veux-tu devenir déſormais ? me dit le Prince ; *il ne te convient plus d'être au nombre de mes Pages ; quel parti prendras-tu ?* Je lui répondis, que je ſouhaiterois en prendre un qui ne m'éloignât pas de Son Alteſſe Royale, & que je ſavois bien ce qui me conviendroit dans ce goût, ſi la fortune ſecondoit mes deſirs. *Quoi ?* repliqua-t'il. C'eſt d'entrer dans les Mouſquetaires. *Oui da*, me répondit-il. *Ce parti eſt fort de mon goût. Va-t'en trouver Canillac de ma part, il te recevra, & ne t'embarraſſe de rien ; j'ordonnerai que tu y ſois ſoutenu avec honneur.* Je remerciai le Prince, en lui baiſant la main, & lui ayant fait la révérence, j'allai me préſenter tout de ſuite au Marquis de Canillac, qui commandoit alors une des Compagnies de Mouſquetaires du Roi.

Ce Seigneur me reçut très-bien, & m'admit dans ſa Compagnie. *Je ſuis mortifié*, me dit-il, *qu'il n'y ai point à préſent d'appartement vuide dans l'Hôtel ;*

mais

mais vous pouvez compter que le premier qui le sera vous est destiné. Je me retirai, comblé de ses bontés, & je m'en fus rejoindre ma compagnie. Honneur au Mousquetaire du Roi, dis-je en entrant. Ferdinande, qui avoit ouï faire quelques histoires des Mousquetaires, se récria beaucoup de ce que j'avois pris ce parti. Quoi, dit-elle, vous vous êtes donc incorporé avec ces mauvais garnemens ? fi, je ne veux plus vous aimer. Comment, ajouta-t'elle ; qu'on dise dans ma Province que j'aime un Mousquetaire, à combien de traits malins ne serai-je pas en but ? Erreur, lui dis-je, ma chère cousine ; je n'apprendrai dans cette école qu'à vous aimer avec plus de constance. Le Chevalier s'étant mis à rire, la railla sur son préjugé ; ma sœur la badina un peu ; elle vit bien qu'elle étoit mal prévenue.

Cependant le discours que m'avoit tenu l'Abbé, me tenoit au cœur. Je m'ouvris à mon fidèle ami, qui étoit d'un très bon conseil. Il m'en donna un que je saisis sans peine. De peur, me dit-il, qu'on ne nous ait suivis pour apprendre où nous logeons, il n'y a qu'à déloger, & aller prendre un

Tome III   B

appartement dans le Marais, où il y a le moins d'étrangers. Ce qui fut exécuté le lendemain.

Mais nous n'y reſtâmes pas long-temps cachés. L'Abbé, dont les eſpions étoient de vrais furets, auroit déterré un diable dans Paris. Ferdinande y fut découverte, & notre hôteſſe fut le Mercure ou l'Iris dont il ſe ſervit pour la ſéduire. Je revenois de remercier le Prince, très-ſatisfait de ſa générofité, qui avoit rempli ma bourſe, avec promeſſe de la remplir quand elle feroit vuide. J'avois l'air content en entrant au logis ; mais la nouvelle que m'apprit Ferdinande, troubla cet agréable calme. Elle me reprocha d'abord l'imprudence qu'elle m'imputoit d'avoir parlé d'elle au Prince. Connoiſſant, dit-elle, ſon caractère, vous auriez dû vous taire, quand même il vous auroit preſſé de parler. Il faut que vous ne m'aimiez guères, ajouta-t'elle, puiſque vous avez la témérité de vous expoſer à perdre mon cœur & ma perſonne.

Je la retirai de ſon erreur, en lui proteſtant que je n'avois jamais parlé d'elle au Prince ; mais lui ayant avoué que l'Abbé à ma première entrée au Palais-Royal, m'avoit parlé d'une Beauté nouvellement débarquée par le carroſſe de Rheims, & que j'avois eu d'abord un preſſentiment que c'étoit d'elle-même qu'il me parloit; j'ai voulu vous le cacher, lui dis-je, pour ne pas vous alarmer. J'en ai averti le Chevalier, & c'eſt pour prévenir ce qui en arrive que nous avons changé de quartier. Mais tranquilliſez-vous, ma Reine, ajoutai-je; nous ferons en ſorte que nous vous déroberons aux yeux de cet Argus. Comment ſavez-vous tout cela ? repris-je.

Elle me répondit que notre hôteſſe l'avoit félicité de ſa beauté, & de la conquête qu'elle lui avoit fait faire du plus grand & du plus généreux Prince de France. Elle m'a propoſé, dit-elle, de me faire parler à l'Abbé du Bois pour qu'il me produiſît au Prince; & après pluſieurs autres traits ſéduiſans, elle m'a demandé ma protection. Voilà qui eſt preſſant, lui dis-je; mais nous allons tout-à-l'heure y mettre bon ordre. Il s'agit d'en informer ma ſœur & le Chevalier, afin que de concert nous prenions des meſures pour votre ſûreté, ou plutôt pour la mienne. Ciel ! m'écriai-

B ij

je, aurai-je sans cesse des rivaux de ma félicité ! Charmante Ferdinande, n'avez-vous donc tant d'attraits, que pour m'exposer au dernier des malheurs ! Non, non, tendre cousin, me dit-elle en laissant couler quelques larmes, mon cœur & ma personne sont à vous. Quelque violence qu'on puisse me faire, je ne serai jamais à d'autres.

Ayant appellé ma sœur & son mari, je leur fis répéter ce que Ferdinande venoit de me dire. Ils en furent émus : mais s'étant rassis, nous consultâmes ensemble sur les expédiens qui nous restoient pour éclipser la souveraine de mon cœur. Ma chère sœur qui auroit été au désespoir d'être privée de la compagnie de Ferdinande, trouva le plus sûr moyen de se la conserver. Je suis d'avis, dit elle, que ma chère cousine déguise son sexe jusqu'à ce qu'on puisse l'avoir oubliée ; & pour que tout réponde à cet expédient, il nous faut prendre deux appartemens en deux différentes maisons : j'en occuperai un avec elle, & mon frère & mon mari occuperont l'autre. Il n'y a qu'à chercher ces appartemens dans deux maisons contigues si cela se peut, & nous serons tous tranquilles.

Cet expédient nous plût ; il n'y en avoit pas de meilleur dans la conjoncture. Ferdinande qui m'aimoit véritablement, le trouva fort de son goût ; l'amour qu'elle avoit pour moi imposoit silence à la vanité qui lui auroit pu donner l'envie de plaire à d'autres. Ne tardons pas, dit-elle d'un air satisfait, à assurer mon cœur à mon cher cousin.

Les fers furent aussi-tôt mis au feu. Ferdinande fut revêtue d'un habit du Chevalier, qui étoit exactement de la même taille, & nous allâmes, lui & moi, faire emplette d'un habit & de tout l'assortiment chez un gros Frippier des Halles. Cet équipage fut porté cacheté dans une enveloppe chez un de mes amis, à qui je confiai le paquet comme un dépôt précieux. Du même pas nous allâmes louer des appartemens. Nous en trouvâmes deux tels que nous les souhaitions, vis-à-vis l'un de l'autre, dans la rue Quinquenpois, assez étroites pour que nous puissions nous entendre de nos fenêtres, & même voir tout ce qui se passoit dans nos chambres.

La promptitude est ordinairement le nœud de ces sortes d'affaires. Nous dînâmes fort vîte, & à l'issue de table nous sortîmes à pied pour aller prendre un fiacre, qui nous mena d'abord chez mon ami, où j'avois déposé l'équipage de Ferdinande. Nous nous étions pourvus de linge, de bas, de souliers, d'une perruque & d'un chapeau: & continuant notre route, nous nous fîmes mener aux Porcherons, & nous renvoyâmes le fiacre, pour en prendre un autre. Toutes ces précautions nous parures nécessaires.

Dès qu'on nous eut servi la collation, nous fûmes libres. Ferdinande fut travestie. Jamais Cavalier ne fut si beau. Elle fut charmée d'elle-même en se regardant au miroir. N'ayant pu aisément porter une épée pour elle, nous lui en destinâmes une seconde, que mon ami avoit dans son coffre. Elle n'en avoit pas besoin ce jour-là, parce que nous étions résolus de ne pas paroître dans Paris de toute la journée.

Nous quittâmes les Porcherons dès que le fiacre que nous avions fait appeller fut arrivé. Ferdinande & ma sœur prirent possession de leur appartement, & nous du nôtre. Il ne s'agiſſoit plus que d'aller payer ceux que nous quittions, & en retirer nos coffres. Nous renvoyâmes pour cet effet notre fiacre, & nous allâmes en prendre un autre dans la rue Saint Denis. Il nous mena dans le Marais, où nous fîmes charger nos hardes; & de peur que quelqu'un du logis n'eût fait le bec au cocher, nous conduiſîmes nos coffres chez un ami de la rue Aumère, & nous renvoyâmes encore ce fiacre, pour mieux dépayſer les eſpions & interdire tous les échos. Demi-heure après qu'il fut parti, nous en envoyâmes chercher un autre, qui chargea nos affaires, & nous mena à nos nouveaux appartemens. Après tant de précautions, qui diable auroit pu découvrir Ferdinande ſous l'habit & le nom de *Chevalier du Conſeil?*

Nous paſſâmes le reſte de la journée & toute la ſoirée à exercer le nouveau Cavalier dans les allures & les attitudes qu'il devoit prendre. Il étoit ſi charmé de ſa métamorphoſe, qu'il apprit dès le même jour à en ſoutenir le perſonnage. Nous ne laiſſâmes pourtant pas de le perfectionner, en lui donnant leçon tous les jours pendant plus d'un mois. L'habit de hazard lui seyoit si bien, que nous en fimes faire un second sur celui-là, que nous envoyâmes au Tailleur pour lui servir de modèle, sous prétexte qu'il étoit pour un Gentilhomme de Province. On voit bien par ces précautions que nous ne voulions rien risquer.

Me voilà donc tranquille. Possédant ma chère Ferdinande, je n'avois plus lieu de craindre les entreprises de quelque rival, ni les perquisitions de l'Abbé, tout subtil qu'il étoit en ce genre. Ferdinande, de son côté, en avoit plus de liberté. Je l'amenois avec moi, avec si peu de façon, que si elle eût été réellement ce qu'elle n'étoit qu'en apparence. J'eus même la malice de lui faire parler à l'Abbé, un jour que je la conduisois dans la galerie neuve du Palais Royal.

Je ne pensois donc plus qu'à faire ma cour au Prince, & à tâcher de mériter ses attentions pour mon avancement. Quoique je ne fusse plus auprès de sa personne, je m'en approchois le plus souvent qu'il m'étoit possible, pour entretenir par mon assiduité la bonne volonté qu'il avoit pour moi. Il me prouva dans une occasion qu'il m'honoroit encore de sa confiance. Un jour que je me promenois dans le parterre, qui n'est séparé du jardin que par une grille, il m'apperçut d'une fenêtre de l'appartement neuf, d'où il lorgnoit une Dame qui se promenoit le long de la grille avec une de ses amies. Il m'appella ; Dieu sait si j'eus des ailes : oui assurément ; car en trois ou quatre enjambées je fus au haut du degré, où je le trouvai me venant au devant. *As tu remarqué*, me dit-il, *cette jeune personne habillée de satin bleu qui se promène dans le jardin ?* Je lui répondis que je lui avois déjà jeté deux ou trois coups d'œil ; que je l'avois même vue plusieurs fois à l'Opéra ; mais que je ne la connoissois point du tout. Il me chargea de la suivre, pour apprendre qui elle étoit & lui en rendre compte. Je me mis aux champs pour exécuter ses ordres. Je fis comme elle cent tours de jardin. Mais comme elle n'y étoit avec sa compagne qu'en attendant l'heure du Spectacle, elle y entra & s'en alla dans une loge, dont elle avoit pris toutes les places, que je vis remplies un moment après par deux

B v

Officiers que je ne reconnus point. Je me rendis au parterre du côté oppofé à fa loge, pour examiner fa contenance, & ne pas la perdre de vue. Je croquai le marmot en vain jufqu'à la fin de l'Opéra ; je la perdis dans la foule.

Je fus fi mortifié d'avoir manqué mon coup, que j'ofai à peine rendre compte au Prince d'une fi malheureufe iffue. Mais le hazard me procura le lendemain l'occafion de relever mon defaut. Je rencontrai cette Dame au moment que j'y penfois le moins. Elle fortoit de l'Eglife des Petits-Pères de la Place-des-Victoires. Je me propofai bien de ne la pas perdre à ce coup, & je me tins parole. Je la fuivis jufques chez Mr. le Chancelier, où elle entra. J'attendis plus d'une heure en me promenant dans la Place de Vendôme ou de Louis le Grand, vis-à-vis de l'Hôtel de ce premier Magiftrat ; & voyant qu'elle ne fortoit pas, & que l'heure du dîner étoit paffée, j'attendis le moment qu'il paroîtroit quelque domeftique. Je n'attendis pas long-temps à en voir un qui marchoit à grands pas pour rentrer dans l'Hôtel ; & l'ayant joint, je le priai de vouloir bien satisfaire ma curiosité, & de me dire qui étoit la Demoiselle que j'avois vu entrer, dont je lui fis le portrait tout au plus naturel. Vous avez peut-être cru, me dit-il, Monsieur, que c'étoit quelque chose, mais ce n'est rien qu'une des femmes de-chambre de Madame la Chancelière. A la beauté près, c'est une bête. Je ne demandai pas mon reste, & l'ayant remercié, je m'en allai au plus vite en faire le rapport au Prince.

Il étoit dans sa galerie quand j'arrivai. De l'empressement dont il me vit, il crut que j'avois quelque agréable nouvelle à lui donner. Mais dès que j'eus parlé de l'Hôtel du Chancelier ; *en voilà bien assez*, dit-il en me coupant ; *je sais ce que c'est ; l'Abbé m'en a parlé il y a plus de six mois, mais je n'ai pas de penchant au péché de bestialité.* Ma foi, Monseigneur, lui repliquai-je, c'est pourtant une jolie bête ; si elle n'est pas propre pour les esprits, il est peu de corps qui ne s'en accommodassent bien. J'en aurois dit davantage sur le même ton, si l'arrivée de deux ou trois Seigneurs ne m'eussent coupé le sifflet. Je me retirai, après avoir demandé au Prince s'il n'avoit point d'ordre à me donner. Il me fit signe de la tête qu'il n'avoit rien à me dire.

Je ne manquai pas à mon arrivée chez ma sœur, où nous mangions, de régaler ma compagnie du récit des peines que j'avois prises pour rien. Ferdinande en rit aux larmes. Ha que je suis ravie, dit-elle, que ce sot métier vous rapporte si peu ! Peut-être que vous vous en rebuterez, si vous n'y êtes pas plus heureux. Ho parbieu, dis-je, hasard ! mais je sais bien que le Prince m'en tiendra bon compte.

Nous avions à peine dîné, que nous entendîmes un grand murmure dans notre rue, quoiqu'elle fût une des moins fréquentées de Paris. Nous nous mîmes tous aux fenêtres pour apprendre de quoi il s'agissoit. Un Mousquetaire qui venoit du jeu de paume de Saurin m'ayant reconnu, me demanda si je ne savois pas la nouvelle qui se débitoit. Lui ayant répondu que je ne savois rien du tout, il me dit que le bruit couroit que le Roi étoit mort. Je m'en vais de ce pas, dit-il en nous saluant, où je saurai positivement la vérité.

Ne pouvant résister à l'envie que nous avions de satisfaire notre curiosité, nous sortîmes au plus vîte, le Chevalier & moi. Il entra dans le Café de la Place du Palais Royal, & je courus droit au Palais du Prince. Je vis bien du premier coup d'œil que la nouvelle étoit vraie. Je trouvai un monde infini dans les appartemens. L'Abbé du Bois que je rencontrai, passoit à mon côté sans me dire mot ; mais l'arrêtant par le bras, parlez donc lui dis-je, Mr. l'Abbé ; le Roi est-il mort ? Oui, oui, il est mort, me répondit-il d'un ton fort consolé ; & ayant voulu lui faire quelque autre question : Ah ! sacre d..... repliqua-t'il, j'ai bien autre chose à faire qu'à te répondre. Adieu donc, lui repartis-je, Dom *Brutus*, & je montai dans l'appartement du Prince, où je fus étonné de voir des gens qui, quatre jours auparavant, ne le regardoient seulement pas.

En une heure de temps que je demeurai dans cette chambre, je suis sûr que le Prince sortit & rentra plus de cent fois dans son cabinet, où j'apperçus Mrs. le Chevalier de Conflans & d'Argenson qui n'en branloient pas, & qui étoient occupés à écrire chacun de leur côté. On pensera peut-être bien que ce n'étoit pas pour avoir audience que je demeurai-là si long-temps. La curiosité m'y avoit conduit, & l'admiration m'y retenoit. N'est-il pas merveilleux en effet de voir tant de gens d'Eglise, d'Epée & de Robe, changer aussi subitement de visage & de manières, que de nouveaux Prothées. On a beau dire, quelque brillant que soit le Soleil lorsqu'il se couche, tout le monde se tourne du côté du Soleil levant. J'eus lieu de faire là des réflexions qui m'ont servi dans la suite. C'est à leur faveur que dans quelque abyme de misère que j'aie été plongé, je n'ai jamais regretté la Cour. J'ai fait plus, j'en ai même détesté les maximes, & j'ai regretté amérement tous les momens que j'y ai passés.

Je sortis du Palais-Royal si plein & si accablé de ces réflexions, que tous ceux que je rencontrai dans mon chemin, croyoient bonnement que j'étois vivement touché de la mort du Roi. Je ne m'amuserai point ici à décrire les différentes impressions que cette mort fit dans Paris. Je me contente de dire que les honnêtes gens la regardoient comme une perte essentielle pour le Royaume, & que la canaille s'en réjouissoit. Pour moi j'y fus assez indifférent dans le moment même. Il n'en fut pas ainsi le lendemain, que j'appris que malgré le Testament du Roi, qui étoit reçu & déposé depuis six mois au Parlement, le Prince se disposoit à prendre les rênes du Royaume, & s'en faire reconnoître Régent. J'espérois qu'étant alors dépositaire de tous les Emplois de l'Etat, il pourroit bien me gratifier de quelqu'un. La promesse qu'il m'avoit faite d'avoir soin de ma fortune, sembloit autoriser mes espérances; mais j'éprouvai que qui compte sur les Grands, est bien éloigné de son compte. Plus ils sont puissans, plus ce sont de foibles roseaux sur lesquels on ne sauroit s'appuyer.

La perspective que je me formois, servit du moins à m'égayer & à me dilater le cœur. Je parlai de ma fortune à Ferdinande, comme d'un bien qui étoit déjà entre mes mains & je lui en fis hommage. Il est sûr que mon amour étoit la mesure de mon ambition, & que si j'eusse été sans Ferdinande, ou sans quelqu'autre qui l'eût remplacée, je ne me serois jamais repu des vains projets que je formois. Elle y ajoutoit foi tout comme moi, & nos mutuelles espérances donnoient une nouvell force à notre amour. Jamais je n'éprouva tant de tendresse; jamais je n'en ai tan épanché. Ce qu'il y avoit de plaisant, c'e que mon ami me regardoit comme le plu puissant de ses patrons. Il étoit fondé su les marques d'amitié que le Prince m'a voit données en plusieurs occasions. Mai il ne pensoit pas non plus que moi, qu quoiqu'il aimât ceux qui servoient lâchement ses passions, il avoit trop de discernement pour les estimer. L'Abbé qui étoit un de ses plus zélés Ministres, n'auroit pas eu un meilleur sort que le mien, si le Prince ne l'eût trouvé d'ailleurs propre à l'exécution des grands desseins, qui ont étonné & même alarmé toute l'Europe.

De si judicieuses réflexions ne se présentèrent pas alors dans mon esprit; il étoit trop préoccupé des avantages flatteurs dont je me repaissois, pour saisir de si heureuses idées, qui auroient pu prévenir l'aveuglement avec lequel je me suis livré aux fatales occasions qui m'ont précipité dans une abyme de misère, d'où, selon les apparences, la mort peut seule me retirer. Je continuai donc à m'appuyer sur la faveur du Prince, & à l'approcher avec la même confiance qu'auparavant. Hé! qui dans une jeunesse inconsidérée, n'auroit pas imité ma conduite?

Quelques puissans & nombreux que fussent les ennemis du Duc d'Orléans, quelque idée qu'on eût à la Cour & à la Ville des motifs qui l'avoient fait agir en Espagne, lorsqu'il y étoit à la tête des Armées, il s'en embarrassa fort peu; & ne consultant que le droit de sa naissance, soutenu de son ambition, il osa aspirer à la Régence du Royaume, se promettant une heureuse issue de son courage & de sa fermeté. Un petit nombre d'anciens serviteurs de la Maison d'Orléans, auxquels se joignit d'Argenson, ne manquèrent pas de le confirmer dans son dessein; & l'Abbé du Bois, sans être sur les rangs, ne laissoit pas de l'y fortifier par ses conseils vifs & entreprenans.

L'exécution suivit de près. L'exclusion qu'il avoit pour la Régence dans le Testament du Roi, ne fut pas capable de le rebuter. Il est vrai que le Codicile la lui désignoit; mais elle n'auroit été que l'ombre vaine d'un grand nom, s'il l'eût acceptée sur le pied de cette dernière disposition, qui établissoit le Duc du Maine Lieutenant-Général du Royaume. En vain dans cette division il auroit donné ses ordres; il n'auroit pas eu les forces pour se faire obéir; il eût fallu les emprunter du Maître des Troupes, avec qui il n'étoit pas bien. L'Etat dans le fond n'auroit pu que souffrir de la défunion des deux pouvoirs essentiels.

Il fut bien faire valoir ces raisons dans le Parlement qu'il fit assembler au plutôt, pour ne pas donner le temps aux esprits de se rasseoir. La mort du Roi les avoit remplis de différentes idées qui s'entre-choquoient. Il fut profiter du temps. Il donna des ordres si absolus à la Maison du Roi à pied & à cheval, d'investir le Palais & de se saisir des avenues, que cela fut exécuté un matin au point du jour. Comme il pensoit alors comme le Sénat sur la Constitution *Unigenitus*, aucun des Sénateurs n'eut garde de manquer à cette séance. Le Prince s'y rendit en grand cortége, qui semblable à une boule de neige grossissoit en chemin, par le grand nombre de Courtisans que cette fermeté décisive lui attira. Il y avoit long-temps qu'on n'avoit vu d'assemblée si auguste dans le Palais. Le Prince y prit sa place, & harangua le Parlement avec une si plausible éloquence, qu'il fut d'abord prévenu en sa faveur. Il demanda en premier lieu que la Régence du Royaume lui fût donnée, & qu'elle fût enrégistrée en vertu du droit de sa naissance. Les Gens du Roi ayant voulu proposer d'ouvrir le Testament du feu Roi, le Prince s'y opposa, & persista dans sa demande pure & simple. Cet article accordé, le Régent représenta que son autorité seroit vaine, s'il n'avoit le commandement des Troupes pour se faire obéir. Ceci fut un peu agité, mais enfin on déclara que l'un devoit être inséparable de l'autre.

Tout étant ainsi réglé, le Prince harangua encore le Sénat, & après l'avoir loué de sa docilité & de son zèle pour le bien de l'Etat, il protesta qu'il n'avoit d'autre vue que de le rétablir dans une situation florissante, & qu'il croyoit ne pouvoir mieux commencer que de former ses Conseils des meilleures têtes qui composoient le Parlement. Il promit d'en faire inceſſamment le choix, & il tint parole. Mais ces diſpoſitions ne furent pas de longue durée. Il commença bientôt à gouverner ſeul, & à gouverner très-glorieuſement; quoi qu'en aient prétendu dire gens qui n'ont pas la vue plus longue que le nez, & qui ſont plus frappés de la ruine des Particuliers, que de la richeſſe du Public & de l'État.

On ſent bien que je veux parler du Syſtême qui a fait tant de malheureux. Mais combien d'avantages n'en eſt-il pas revenu à l'Etat ? En a-t'il ſouffert quelque altération ? Point du tout, ou il a été altéré en mieux. *Paul*, qui avoit dix mille livres de rente, dont l'Etat retiroit un Dixième, par exemple, ne payoit plus rien après avoir perdu ſon bien; mais *Jacques* qui en avoit fait l'acquiſition, remplaçoit le même produit. Les Finances étoient toujours ſur le même pied.

Mais quelle cruauté, dira-t'on, de forcer les Particuliers à porter leur argent dans le Tréſor public, à peine de confiſcation ? On ſe trompe. Cette diſpoſition eſt juſte & très-ſage. Si le Régent en eût été cru, il auroit publié cet Edit sur peine de la vie. Sa raison étoit plausible ; la voici. Il y a de la justice à punir de mort un homme qui en a étranglé un autre. Il ne l'a tué, que parce qu'il lui a arrêté la circulation du sang. Pourquoi ceux qui ayant de l'argent le cachent & en arrêtent la circulation dans l'Etat, ne seront-ils pas criminels, & beaucoup plus en suffoquant l'Etat, qu'en étouffant un particulier ? car il est sûr que ceux qui resserrent les espèces dans leurs coffres, sont les ennemis mortels du Public & de l'Etat, & qu'on ne sauroit décerner contre eux que des peines assez sévères.

Telle étoit la juste idée du Régent, quand il rendit cette Déclaration. Il avoit plus de soin des intérêts des Sujets, que les Sujets n'en avoient eux-mêmes. Leur argent caché ne leur produisoit rien ; il leur en procuroit par-là le revenu. Qu'avoient-ils à repliquer, puisqu'ils y gagnoient, & qu'ils procuroient à la fois un gain considérable à l'Etat ? Au reste, ce qui a paru étonnant à plusieurs, m'a paru infiniment beau, quoique je sache bien que les ames de boue ne m'applaudiront pas. N'est-il pas beau en effet de voir le riche devenir pauvre ; le Marquis tomber dans la Roture par sa pauvreté, & le Roturier s'élever au Marquisat par ses richesses ? Je ne trouve en cela qu'une justice très-raisonnable. Il devroit être du monde civil, ainsi que du naturel. Les terres qui dans une saison sont privées des influences du Soleil, en sont favorisées dans une autre. Tel est le cours de la Nature, & même de la Providence, qui gouverne le monde avec une sagesse exempte de reproche, malgré le murmure insensé des malheureux.

Mon assiduité auprès du Régent augmenta avec son pouvoir. Il lui étoit fort aisé d'y faire une attention efficace, si elle eût répondu à mon zèle. Cependant je ne pouvois lui parler aussi souvent qu'avant sa nouvelle Dignité. Il étoit si obsédé toute la journée, que je ne pouvois l'approcher que la nuit à l'heure de ses plaisirs. Je fis tant néanmoins que j'en obtins une pension de deux cens louis, qu'Ariague son Trésorier me payoit exactement par quartier. Cette générosité du Prince me paroissoit une disposition plus essentielle. Je visois à la Majorité d'une Place de ma Province, où je me proposois de passer mes jours avec ma chère Ferdinande. Nous n'attendions, elle & moi, que ce période pour nous donner la main, & nous renouveller solemnellement notre fidélité. Mais l'Officier qui remplissoit ce poste, ne voulut pas me faire le plaisir de me le céder, quelque offre que je lui fisse pour l'y engager. Les Parques mêmes affectèrent de filer lentement ses jours, pour me faire crever de dépit.

Je me bornai donc à cultiver Ferdinande, & à ménager son cœur, laissant au Prince le soin de ma fortune. Je ne manquois pas un jour à lui faire ma cour ; outre que le Palais-Royal étoit pour moi un théâtre où se passoient mille scènes qui m'amusoient infiniment. Je fus spectateur de quelques-unes des plus cossues, où le Prince & l'Abbé étoient acteurs. Celle dont l'intrigue procura à cet Ecclésiastique de nouvelle édition l'Archevêché de Cambrai, est une des plus étonnantes. Il la demanda au Prince, dans un de ces momens qu'il s'épuisoit en tendresse. Il en eut des preuves, & il l'obtint. Il ne lui en coûta pour cela que quelques coups de poings, qu'il reçut dans le nez, & un rabat que lui déchira le garçon de la chambre, qui malgré sa résistance ne put l'empêcher d'entrer. Ses ordres étoient de ne laisser entrer personne, parce que le Prince faisoit alors ses dévotions à la Divinité de Cythère.

Mercure porta bien vite de Café en Café la soutane violette que le Régent venoit de donner à l'Abbé. Chacun en déchira un morceau ; mais du Bois s'en moqua, & quelque éguenillée qu'elle parut à tout le monde, il la porta jusqu'à ce qu'elle fût remplacée par une rouge. Il n'est point de B..... dans Paris où cette nouvelle ne fit plaisir ; on en célébra la fête, avec les cérémonies les plus extraordinaires dont on fait usage dans ces Académies de plaisir. Je ne puis passer sous silence un trait de la Directrice la plus fameuse ; c'est de la Filhon que je parle. S'étant mise un matin aussi modestement que la plus affectée Bigotte, elle s'en alla à l'Audience du Prince, qu'elle trouva avec un bon nombre de ses favoris. La scène eût été parfaite, si l'Abbé du Bois eût été de ce nombre. Le Régent

Régens qui la reconnut de loin, s'attendit certainement à quelque trait comique. *Ha, ha, Messieurs*, dit-il aux spectateurs, *voici du fruit nouveau; la Filhón en habit de Pénitente.* Hélas oui, Monseigneur, répondit cette diablesse, qui n'étoit ni muete ni sourde, il y a un temps pour toutes choses. Le Prince qui saisissoit avec avidité toutes les occasions de se réjouir, lui demanda *quelle affaire la conduisoit à son Audience? Par quel endroit*, lui dit-il, *puis-je te fortifier dans le changement que ta modestie m'annonce?* Il vous est aisé, Monseigneur, repartit cette effrontée. Quoique je connoisse les piéges dont le monde est rempli, & que j'en aie même inventé pour surprendre l'innocence, je ne laisse pas de les craindre pour moi-même. J'ai donc pourvu à ma sûreté, en formant le dessein de me retirer dans un Couvent. Vous êtes si pitoyable, continuat'elle, envers les gens de mon caractère, que vous leur procurez des asyles sacrés, que j'ose espérer que vous m'en assignerez un pour le reste de mes jours. Je viens donc, ajouta-t'elle, exercer votre bonté, en suppliant très-humblement Votre Alteſſe Royale de me donner une Abbaye. Perſonne ne ſait mieux que moi conduire les Demoiſelles. J'eſpère que conſultant leur avantage & le mien, vous ne me refuſerez pas. Tout le monde, & le Prince lui-même, éclatèrent de rire. Pour moi j'en ris encore, en me retraçant cette ſcène. C'eſt aſſurément une des plus impudentes ſaillies qui aient jamais été pouſſées. Son Alteſſe riant toujours graſſement: *par ma foi*, lui dit-il, *il faudroit épuiſer l'Etat pour fournir à l'entretien des Filles qui ſe rangeroient ſous tes loix, ſi je te donnois une Abbaye! Mais au reſte, y penſes-tu bien d'aſpirer à une Abbaye?* Pourquoi non? reprit-elle; je ſuis fâchée de n'être pas du bois dont on fait les Abbés, car j'oſerois bien prétendre à un Archevêché. Le Prince qui étoit bon, & qui aimoit les tours d'imagination, la renvoya, en lui diſant *qu'elle n'avoit qu'à perſiſter au moins un an dans une vraie pénitence, & qu'alors il lui procureroit un Hermitage, où elle ſeroit ſervie par les deux plus vieilles & plus laides Duégnes qui ſe trouveroient en Italie.* Elle ſe retira d'un air effronté & bien différent de celui qu'elle avoit eu en entrant, difant affez haut qu'elle alloit reprendre la poffeffion de fon ancien Couvent.

Cette aventure vola dans un moment par la porte & par les fenêtres du Palais jufqu'aux extrêmités de Paris. Je l'allai raconter à ma chambrée, où elle fut le fujet de l'agréable entretien que nous eûmes pendant le dîner. Nous admirâmes & l'effronterie de cette Créature, & la bonté du Prince, qui n'avoit pas fait punir fon impudence. Je n'expofe ce fait aux yeux du Lecteur, que pour lui donner à connoître combien il étoit aifé d'approcher du Prince. Il étoit d'un fi facile accès, qu'il auroit écouté la plus méprifable de toutes les Créatures. Sa bonté étoit fi exceffive, que perfonne ne s'eft jamais plaint d'en avoir été rebuté. Il n'avoit pas la force de refufer les graces qu'on lui demandoit. Auffi eft-il arrivé plufieurs fois, qu'il accordoit le même emploi à huit ou dix perfonnes différentes. Pour être fûr d'avoir ce qu'il promettoit, il falloit lui en demander fur le champ l'ordonnance fignée de fa main. C'eft ce que j'éprouvai à la fin de l'année 1720. Je lui demandai le fond de sa caſſette. Il me l'accorda de bonne grace, me ſouhaitant qu'il fût conſidérable. Après l'avoir remercié, je tirai de ma poche une Ordonnance dreſſée dans les formes, & la lui ayant préſentée à ſigner, il ne balança pas un inſtant. Je fus fort heureux, car il avoit fait le même préſent à cinq ou ſix de ſes Officiers. Moi qui étoit au fait de ce manége, je ne perdis point de temps; & m'en étant allé préſenter mon Ordonnance à Mr. Ariague, il vuida la caſſette du Prince dans mes mains, où je trouvai deux cens cinquante louis.

La fortune me montroit ſon viſage gracieux. Ses faveurs préſentes ſembloient me garantir toutes celles que j'en eſpérois. J'avois l'oreille & la protection du Prince, qui avoit toute l'Autorité Royale. Je poſſédois ma Maîtreſſe, ſans partage & ſans craindre de rival; elle me donnoit chaque jour de nouvelles preuves de tendreſſe. L'eſprit content, le cœur tranquille, mon ambition ſatisfaite, du moins en eſpérance, je vivois heureux. Eh! manquoit-il quelque choſe à ma félicité?

Cette ſituation ne fut pas de longue durée. Ferdinande, sans cesser de m'aimer, donna une furieuse atteinte à mon amour & à ma tranquillité. Elle me fit un jour confidence qu'elle s'ennuyoit à Paris, & me demanda en grace de la renvoyer en Province, si mes affaires ne me permettoient pas de l'y ramener moi-même. Je me sens saisie d'une langueur, me dit-elle, que je prévois qui ne finira pas si je ne quitte le séjour qui me la cause. Ne vous alarmez pas de mon éloignement, ajouta-t'elle, mon amour n'en souffrira aucune altération. Pour devenir plus vif & plus sincère, il ne sauroit l'être davantage. Vous serez l'unique objet qui m'occupera dans notre campagne, & je vous y attendrai pleine d'ardeur à recevoir votre main, lorsque vos intérêts, que je regarde comme les miens propres, vous mettront en état de me la présenter.

Juste Ciel, m'écriai-je! n'ai-je donc joui d'une félicité passagère, que pour être accablé d'une disgrace qui me paroît devoir être durable! Je vous conjure, lui dis-je, ma souveraine, de m'avouer ingénuement si vos plaintes sont fondées, & si vos peines sont réelles. O Dieux! repartit-elle sans biaiser, me croyez-vous capable de vous en imposer? Non, non, mon cher cœur, ce n'est qu'à regret qu'il faut que je vous quitte, à moins que vous ne m'exposiez à la cruelle mort qui nous séparera pour toujours. Je souffre depuis quelquetemps sans oser vous le dire, & suis dans une contrainte continuelle dans mon air & dans mes manières, de peur que vous ne vous en apperceviez. Finissez mes peines, je vous prie. Je n'y aurois jamais résisté, si mon amour n'en eût contrebalancé les rigueurs.

Je la connoissois trop naturelle, pour douter de la sincérité de ses plaintes. Mon amour, qui n'étoit pas moins sincère, me fit condescendre à ses desirs. Mais j'y mis des bornes, & l'ayant priée de m'accorder encore un mois sa présence, elle y consentit de tout son cœur. A l'espérance que vous me donnez de me remettre dans ma patrie, je sens que je puis vous satisfaire. Je vous accorde un mois; mais comptez que Ferdinande sera la proie de la mort si vous lui manquez de parole. Consolez-vous donc, lui repartis-je; vous ne mourrez jamais, s'il faut que je fois parjure pour que vous ceſſiez de vivre.

Il eſt bien vrai que l'eſpérance a quelque choſe de plus conſolant que la poſſeſſion même. Celle que je donnai à mon incomparable Reine, fit un ſi prompt effet dans toutes les facultés de ſon ame & ſur ſes ſens, qu'elle en devint mille fois plus gaie & plus tendre qu'elle n'avoit jamais paru. Elle nous aiguillonnoit ſans ceſſe, pour fournir la carrière des plaiſirs que nous nous étions ouverte; elle les aſſaiſonnoit des ſaillies du monde les plus agréables; ce n'étoit plus Ferdinande; on eût cru voir le Cavalier le plus amuſant, & le plus propre à ranimer les plaiſirs languiſſans.

Quelque plaiſir que j'euſſe d'aller faire ma cour au Prince, je ne la quittois qu'avec peine, & je la rejoignois avec un empreſſement des plus marqués. Nous diverſifions tous les jours les plaiſirs, & Ferdinande en inventoit ſouvent de nouveaux. Le ſpectacle, la promenade, les parties de campagne & de chaſſe, & cent autres récréations, étoient placées fort à propos : c'étoit au goût de Ferdi-

C iv

nande que nous en étions redevables.

Elle eut un jour le plaisir d'une scène, qui la divertit infiniment. Nous allions nous promener au Bois de Boulogne, à dessein de souper à Passi. Quand nous fûmes au-delà de l'étoile de l'allée qui conduit au Bois, nous apperçumes deux carrosses, de chacun desquels nous vîmes sortir une Dame. S'étant éloignées de cent pas du grand chemin, elles s'arrêtèrent à dix pas l'une de l'autre, ayant toutes deux un pistolet à chaque main. Ne les connoissant pas, & ayant même lieu de croire que c'étoient deux Cavaliers qui vouloient masquer ce duel, nous fûmes à elles, le Chevalier & moi, pour tâcher d'empêcher le combat. Mais nous n'eûmes pas fait dix pas, que mon ami se servant de sa lorgnette, les reconnut. Bon, bon, me dit-il, il faut les laisser faire pour la rareté du fait. C'est la Marquise de Nesle & Madame de Polignac. Ayons, ajouta-t'il, le plaisir de les voir tirer. Je ne crois pas qu'elles soient assez adroites pour se toucher. Tu as parbieu raison, lui dis-je, mais je serois curieux de savoir leur querelle. Je

du Chevalier de Ravanne. 41

ne la sais pas, me dit-il en allant joindre nos Dames, mais je m'en doute. Je gage, reprit-il, qu'elles entrent en lice pour se disputer quelque cœur ou quelque bourse. Ho ! je t'avoue, repartis-je, que je ne doute point que tu n'aies deviné. Ce n'est pas là le nœud de l'affaire, je voudrois savoir quel est le sujet qui les intéresse si fort. Comme nous parlions encore, nous entendîmes deux coups de pistolets, qu'elles se tirèrent à brûle-pourpoint, & ayant redoublé fort vite, nous vîmes tomber la Marquise de Nesle. Oh ! pour lors nous courûmes à elles ; Ferdinande & ma sœur nous suivirent, & les cochers nous voyant à leur secours demeurèrent tranquilles sur leurs siéges. La Polignac, fière de sa victoire : Va, dit-elle à son adversaire en allant rejoindre son carrosse, je t'apprendrai à vivre & à vouloir aller sur les brisées d'une femme comme moi. Si je tenois le perfide, ajouta-t'elle, je lui mangerois le cœur, après lui avoir brûlé la cervelle. Vous êtes vengée, Madame, lui dit Ferdinande ; il ne vous convient pas d'insulter au malheur de votre ennemie ;

C v

sa valeur doit vous la faire estimer. Taisez-vous, jeune étourdie, lui répondit-elle; il vous convient encore moins de me faire des leçons.

Cependant nous occupâmes ma sœur à dépouiller la blessée. Cette maligne peste, à qui Ferdinande se joignit, baissoit tant qu'elle pouvoit le tour de sa chemise pour nous faire voir sa gorge. Voyant un de ses tétons couvert de sang, je crus qu'elle y avoit reçu le coup ; mais l'ayant essuyé & examiné de près, je vis que le sang y couloit du haut de l'épaule qui n'avoit été que légérement effleurée. Courage, lui dis-je, Madame, votre blessure n'est qu'une égratignure. A ces mots ; j'en rends graces au Ciel, dit-elle ; je triompherai donc encore de ma rivale.

Ces paroles nous firent comprendre qu'il s'agissoit d'un Cavalier. Ma sœur, plus hardie que nous, lui demanda si son amant en valoit du moins la peine. Oui, oui, Madame, lui répondit-elle ; il est digne qu'on répande pour lui un plus beau sang que le mien ; & ayant jeté les yeux sur Ferdinande, vous en avez là un, lui dit-elle, qui me retrace très-fort le mien. Après que le Chevalier eut étanché son sang avec des orties qu'il froissa entre deux pierres, & lui avoir bandé la blessure avec des lambeaux de son mouchoir, je la pris sous un bras, tandis que le Chevalier lui soutenoit l'autre, & nous la conduisîmes à son carrosse, qui ne pouvoit absolument entrer dans la place qui avoit servi de champ de bataille. En chemin faisant; parbieu, Madame, lui dis-je, j'ai une grande idée de l'heureux mortel pour qui vous prodiguez ainsi votre sang. Vous pensez juste, me repartit-elle, c'est assurément le plus aimable Seigneur de la Cour. Je suis prête, ajouta-t'elle, à verser pour lui mon sang jusqu'à la dernière goutte. Toutes les Dames lui tendent des piéges, reprit-elle; mais j'espère que la preuve que je viens de lui donner de mon amour, me l'acquerra sans partage. Je vous ai trop d'obligation, Messieurs, dit-elle en finissant, pour vous cacher son nom. C'est le Duc de Rich.... oui, le Duc de Rich..... lui-mème, le fils ainé de Mars & de Vénus.

Nous n'attendimes pas pour éclater de

rire que le carrosse allât. Je croyois que Ferdinande ne pourroit se calmer. Pour ma sœur, elle tomba à la renverse, en faisant des éclats qu'on pouvoit entendre de bien loin. Après que les ris se furent modérés, Ferdinande & ma sœur qu'elle mit en train, nous dirent au sujet de cette scène tragi-comique, mille jolies choses qui nous entretinrent pendant toute notre promenade. Elle se termina à Passi, où nous soupâmes avec le même enjouement. Nos Dames avouèrent que rien au monde, non pas même l'amour, ne leur avoit jamais fait passer de si charmante journée. Il est vrai que nous la passâmes fort agréablement.

Croyant que nous étions les seuls témoins d'un combat si particulier, je me faisois fête d'en porter la première nouvelle au Régent. Je me rendis le lendemain à son Palais, pour lui en faire le récit à son petit lever; mais je vis bien en entrant qu'on m'avoit prévenu. Son Altesse étoit avec l'Archevêque de Cambrai, les Comtes de St. Pierre & de Nocé, qui en badinoient fort agréablement. Dès que le parquet me fut ouvert, je dis au Prince que personne ne pouvoit mieux savoir que moi toutes les circonstances de ce combat. Il m'ordonna de lui en faire le détail, & j'obéis. Je crus qu'il se pâmeroit de rire lorsque je lui dis que je l'avois visitée, & que j'avois bandé sa blessure: mais quand je répétai les paroles fières de la Polignac, & la satisfaction de la Nesle d'avoir versé son sang pour le Duc de R..... que je dis avoir été nommé: *Hà pour le coup*, me dit-il, *tu veux briller, mouton de champagne!* Je l'assurai pourtant, avec tout le sérieux dont j'étois capable, que je n'ajoutois pas une syllabe. Il me crut; & l'Archevêque du Bois, comme s'il eût été jaloux de ma bonne aventure, s'écria, en m'adressant la parole; par la sacre d..... ce B.... là se trouve dans toutes les bonnes fêtes! Jamais bon chien, ajouta-t'il, n'a rencontré un bon os. Cette saillie de l'Archevêque ne fut pas le moins risible épisode de la comédie que je donnai à Son Altesse Royale, qui y fit des gloses qui mériteroient d'avoir place ici. Mais outre qu'il ne me conviendroit pas de les répéter, c'est qu'il me seroit impossible d'en rappeller la mémoire. L'Archevêque & les Comtes n'en dirent guères moins que le Prince, avec cette différence que Son Altesse se servit d'expressions qui ne pouvoient sortir d'un autre génie que le sien.

De retour au logis, je trouvai ma sœur & Ferdinande qui avoient encore les yeux mouillés des larmes qu'elles avoient versées. Mon arrivée les ayant surprises, elles n'avoient pas eu le temps de les sécher, ce qui me fit comprendre qu'elles avoient été insultées. J'eus de la peine à leur en arracher l'aveu ; mais enfin elles me le firent, après bien des instances, me priant fort de n'en dire mot à mon beau-frère.

En sortant de l'Eglise de St. Sauveur, me dit Ferdinande, un Petit-Maître est venu à nous d'un air effronté, comme s'il eut pris ma cousine pour une fille de joie, & il l'a traitée conformément à cette idée. J'ai voulu lui répondre sans fiel, qu'il se méprenoit, & que la Dame que je conduisois étoit la femme d'un Gentilhomme d'honneur, qui pourroit bien l'en faire repentir. Il m'a reparti, que puisque je prenois ses intérêts, je n'avois qu'à prendre sa place ; & que si je n'acceptois le parti, j'étois un lâche & un J..... en termes de crocheteur.

Je vous avoue que si ma cousine ne m'eût retenue, j'aurois dégaîné contre lui. Je fus si fâchée d'avoir déguisé mon sexe pour cette seule occasion, que si je l'avois prévue, je n'en aurois rien fait, j'eusse mieux aimé quitter Paris sur le champ. Reconnoîtriez-vous l'insolent, leur dis-je, si vous veniez à le rencontrer ? Assurémemt, reprit ma sœur ; il est de médiocre taille ; il a d'assez beaux yeux, un teint frais & vermeil ; en un mot, elle m'en fit le portrait, dont je ne connoissois nullement l'original. Je les consolai enfin, en leur faisant voir que ces sortes d'aventures étoient sans conséquence à Paris, & je conseillai à Ferdinande de ne sortir qu'avec moi pendant le peu de temps qu'elle devoit séjourner dans cette Ville.

Au bout du compte, je fus charmé de ne pas connoître le brutal qui les avoit insultées ; je sentois que la moindre affaire étoit capable de nuire à ma fortune sans ressource. Je ne pensai donc pas à faire des recherches pour venger nos Dames. Uniquement occupé de l'établissement auquel j'aspirois, j'étois continuellement à l'affut au Palais-Royal, pour saisir la première occasion où je pourrois demander un emploi qui me convint, dans ma Province, ou dans le voisinage. Le goût de ma chère Ferdinande m'assignoit ces bornes. Cependant l'Abbé du Bois avoit le vent en pouppe. Il fut fait Cardinal, & peu de temps après premier Ministre. Il en étoit si fier, qu'on ne pouvoit l'approcher. Il abandonna ses anciens amis & amies, & ses vieilles connoissances, pour se faire un monde nouveau.

Le premier usage qu'il fit de son autorité, eut le Comte de Nocé pour objet. Sans s'embarrasser qu'il fut le favori du Régent, il l'exila par une Lettre de cachet, pour un mot lâché à la table du Prince. Tant il est vrai que les murs ont des langues & des oreilles. Voici le fait.

Le Comte de Nocé étant un soir à souper chez le Régent, en compagnie de gens affidés à Son Altesse Royale, le Prince lui-même mit le Cardinal du Bois sur le tapis. *Qu'est-ce qu'on dit dans Paris de du Bois ?* demanda-t'il indifféremment aux convives. La plupart con-

du Chevalier de Ravanne. 49

noiſſant l'humeur de ce Miniſtre, n'en parlèrent qu'avec beaucoup de prudence. *Mais encore*, reprit Son Alteſſe, *ne trouve-t'on pas étrange que je l'aie fait Cardinal & Miniſtre prèſque en même-temps?* Perſonne ne dit mot; on aima mieux ſe taire, que de produire des ſentimens dont le Cardinal auroit pu être informé.

Le Comte de Nocé, moins politique que les autres, & qu'on peut dire avoir été véritablement le favori du Prince, dit, ſans biaiſer, qu'on n'étoit point ſurpris à Paris de l'élévation de Mr. du Bois. Tant s'en faut, dit-il, Monſeigneur, que Paris ſoit ſurpris que vous l'ayez fait Cardinal & Miniſtre à la fois; on ne doute même pas que vous ne le fiſſiez Pape ſi vous l'entrepreniez; mais malgré tout votre crédit, toute la France vous défie d'en faire un honnête homme. Ces paroles ne ſe perdirent point en l'air. Le Cardinal en fut informé le lendemain à ſon lever, & la première expédition qu'il fit, ce fut d'une Lettre de cachet qui exiloit le Comte dans ſa terre de St. Martin-de-beau-rang, à ſept lieues de Paris.

Cette Lettre fut ſignifiée au Comte à

midi. Il s'en fut au Palais Royal; & ayant abordé le Prince, il prit congé de Son Altesse Royale comme pour faire un voyage. Le Prince surpris; *Où vas-tu donc?* lui dit-il. Où le Roi m'envoie, répondit le Comte; voilà l'ordre de Sa Majesté, ajouta-t'il en lui présentant sa Lettre de cachet. Le Régent la lut avec quelque émotion. Il n'eut pas achevé de la lire, que Madame la Comtesse du Tort, sœur du Comte, parut. Elle étoit d'une grande familiarité avec le Prince. En vérité, Monseigneur, lui dit-elle, du Bois est un maroufle bien insolent, d'oser exiler mon frère, qu'il sait avoir part à vos bonnes graces. Est-ce ainsi qu'il use de l'autorité que vous lui avez mise en main? Ne la lui avez-vous donnée que pour maltraiter ceux qui sont les plus attachés à vos intérêts & à votre personne?

Que diable veux-tu que j'y fasse? lui répondit le Régent. Quoi, repliqua Madame du Tort, vous aimez mon frère, & vous souffrirez qu'il parte & qu'on l'éloigne? Que dira tout Paris, si vous ne l'arrêtez? On ne manquera pas de publier que vous n'avez pas eu assez de crédit pour mettre vos amis, vos Officiers à l'abri des entreprises d'un faquin. *Je ne sais que te dire,* reprit le Prince ; *mais comme c'est le premier acte qu'il fait de son autorité, il ne me convient pas de lui rompre en visière ; j'ai besoin de son ministère dans un projet que j'ai conçu.* Ha, ha, repartit la Comtesse avec un sourire malin, voilà qui est beau pour un aussi grand Prince d'exposer ainsi son crédit ! Eh ! ne craignez-vous pas que vos partisans ne vous abandonnent pour s'attacher au Cardinal ?

Le Prince après avoir rêvé un instant, *obéis toujours,* dit-il au Comte ; *je te donne ma parole que ce ne sera pas pour long-temps.* Je vais obéir, Monseigneur, lui dit le Comte ; mais outre le regret que j'ai de me voir éloigner de Votre Altesse, j'ai un pressentiment que voyant son ambition satisfaite, par la facilité qu'il a de faire signer au Roi tout ce qu'il lui plaît, il ne surprenne son seing contre vous, & qu'il ne soit assez téméraire que de vous exiler vous même ; s'il a encore six mois de vie, vous verrez jusqu'à quel excès d'impudence il poussera l'insolence.

Le Comte & la Comtesse voyant que cette replique donnoit à penser au Prince, se retirèrent, & Nocé partit aussi-tôt pour le lieu de son exil.

Le Prince n'étoit plus Régent en ce temps-là; il avoit fait déclarer le Roi majeur, & l'avoit fait couronner avec la dernière magnificence. Cette conduite du Prince avoit coupé le sifflet à la canaille de Paris, qui pensoit que Son Altesse aspiroit au Trône, où l'on disoit hautement qu'il s'éleveroit par un crime. Hélas! s'il eût eu cette ambition criminelle, il auroit trouvé assez de gens qui en auroient été les Ministres. Quels fondemens avoit-on pour penser si sinistrement de ce Prince? Les voici, & il n'y en eut jamais d'autres. Son Altesse qui s'occupoit aux opérations Chymiques, ayant travaillé souvent sur l'Antimoine & sur les Arsenics, avoit poussé les souffres vénéneux de ces minéraux jusqu'au dernier degré de subtilité : il en parloit avec plaisir au Sr. Homberg, qui travailloit avec lui; & il s'embarrassoit peu de discourir publiquement, pour ainsi dire, de ces sortes de matières. Tout Paris en étoit imbu. De-là l'idée que se forma le peuple, que le Prince ne travailloit aux poisons que pour en faire usage. Fut-il jamais de soupçon si téméraire & plus injuste contre le meilleur des Princes du monde, qui étoit incapable de faire du mal à une mouche ?

Le peuple avoit encore un autre fondement : c'est qu'ayant vu enlever le Duc du Maine & Mr. de Villeroi, qu'on prétendoit être le conservateur de Sa Majesté, il s'imagina que le Prince prenoit ses mesures de loin, en éloignant tous ceux qui étoient attachés à sa personne sacrée. Le plus grand homme que la France ait jamais eu, & qui rend aujourd'hui son Roi si puissant & ses Etats si florissans, en fut lui-même ébranlé. Mais il se rassura bien vîte, quand il eut réfléchi sur la droiture & sur la probité du Régent, qui aimoit véritablement le Roi, & qui ne travailloit qu'à l'affermir sur son trône, & à le mettre à même de régner glorieusement.

Quant à l'exil du Comte de Nocé, il est certain que le Prince ne jugea pas à propos d'en faire révoquer l'ordre : non qu'il n'y eût pas réussi s'il l'eut entrepris ;

mais il avoit raison, ayant besoin du Cardinal, de ne pas s'opposer au premier acte qu'il faisoit de son autorité. Ce n'étoit pas une défaite qu'il donna au Comte, qui sentit bien les raisons légitimes de l'inaction de son Altesse.

Il est vrai que le Prince donna lieu de raisonner à gauche six mois après. Le Cardinal mourut à six heures du soir. Il n'eut pas les yeux fermés, que Son Altesse dépêcha un Courier au Comte, avec une Lettre conçue en ces termes : *morte la bête, morte le venin. Je t'attends ce soir à souper au Palais Royal* C'en fut bien assez pour que les mal-intentionnés conclussent que le Prince n'avoit ni pû, ni osé empêcher le Comte d'aller dans son exil, puisqu'aussi-tôt après la mort du Cardinal il l'avoit rappellé auprès de sa personne. Ce qu'il y a de certain, c'est qu'il reprit le Ministère, pour n'être plus exposé à de pareils événemens, & à d'autres traits dont il avoit lieu de se plaindre.

Le mois que Ferdinande m'avoit accordé expira si vite, qu'il me parut moins qu'un jour. Elle attendit la fin de ce terme, sans marquer aucune impatience. J'espérois qu'elle n'y penseroit plus; mais elle fut aussi exacte à me sommer de ma parole, qu'elle avoit été complaisante à me donner la sienne. Je ne lui fis point d'instances pour obliger de reculer son départ. Elles auroient non seulement été fort inutiles; mais j'aurois pu la chagriner, en lui faisant cette espèce de violence. Je l'aimois trop pour m'opposer à ses desirs, sur-tout dans cette conjoncture. Je ne me le serois jamais pardonné, si je l'avois exposée à quelque sinistre événement.

Mon beau-frère lui offrit sa compagnie, qu'elle accepta. Elle reprit les habits de son sexe, & emporta néanmoins tout son équipage de Cavalier. Il me servira quelquefois, dit-elle, à la chasse & à d'autres parties de plaisir. Quelque peine que j'eusse toujours eue à m'en voir éloigné, je n'en ressentis jamais de si vive qu'à cette dernière séparation. Il sembloit que j'eusse un pressentiment que je ne la reverrois de ma vie. Mon cœur palpira avec tant de violence, que le sang m'en coula par les narines. Je n'en tirai pas un bon augure, quoique je n'eusse pas la foiblesse de déférer à ces sortes de signes. La tristesse de ma sœur fut partagée entre son mari & sa cousine. Elle les aimoit l'un & l'autre très-tendrement. Je l'amenai à la promenade toute l'après-midi du départ de notre chère compagnie, pour tâcher de dissiper ses ennuis. Mais au lieu d'y réussir, mes discours & les siens, nos regrets & nos plaintes, ne firent que nous plonger dans une noire mélancolie. Je lui fis compagnie les trois premiers jours, & nous commençames dès-lors à nous accoutumer à l'absence de Ferdinande.

Cependant, pour ne pas négliger mes intérêts, je repris le train du Palais-Royal. Je priai la maîtresse du logis de permettre que sa fille fît compagnie à ma sœur le plus assidûement qu'il seroit possible. Elles avoient lié ensemble une amitié fort étroites ; & cette Demoiselle lui en donna des preuves, en ne la quittant pas même la nuit. Elle couchoit avec elle, & mangeoit avec nous ; ce qui me mit l'esprit assez en repos.

A mon entrée dans la Salle du Prince,

j'y

j'y trouvai un plus grand nombre de courtisans que j'y eusse jamais remarqué. Son Altesse n'y étoit point, & j'appris qu'il étoit allé au Conseil, pour nommer aux bénéfices Royaux. Il y en avoit beaucoup à remplir. Aucune nomination n'avoit été faite depuis la mort du Roi. Le Prince avoit toujours différé de la faire, par un principe de la plus fine politique. Tout le monde sait qu'il avoit d'abord panché pour le parti de ceux qui avoient appellé de la Constitution du Pape Clément XI. Les intérêts de sa maison l'ayant fait en quelque façon changer de systême, il favorisa les Constitutionnaires. De-là le mariage d'une des Princesses ses filles avec l'Infant d'Espagne Dom Louis, en faveur duquel Philippe V son père abdiqua sa couronne. La seconde Princesse fut destinée au second Infant, & envoyée à cet effet en Espagne. Et la troisième fut accordée au Duc de Modène. Tels furent les fruits du zèle du Pape, & de la docilité du Duc d'Orléans.

Il revint du Conseil à une heure après-midi, paroissant même fort échauffé & d'un air très-enjoué. Il s'arrêta au milieu de sa Cour qui l'attendoit ; & sans donner le temps de souhaiter d'apprendre d'où il venoit : *Je sors*, dit-il, *du Conseil, où j'ai enfin nommé aux Bénéfices. On dit que les Appellans me regardent comme leur adversaire ; ils se trompent. Je viens*, ajouta-t'il, *de leur donner des preuves que je suis de leur parti. Ils n'ont certainement pas raison de se plaindre de moi ; car dans la distribution que je viens de faire des Bénéfices Royaux*, J'AI TOUT DONNÉ A LA GRACE, ET RIEN AU MÉRITE. A peine eût-il dit cela, qu'il entra dans son appartement.

La salle retentit de mille éclats de rire. Les uns applaudissoient à une saillie si délicate & si fine, d'autres en enrageoient ; chacun, en un mot, en pensoit selon qu'il en étoit affecté ; car il n'y avoit ni petit ni grand à la Cour & à la Ville qui n'eût pris parti dans cette affaire : je n'en exclus pas même les servantes, qui se rencontrant aux Halles & aux Boucheries, se demandoient, *qui vive de Molina ou de Quesnel* ; & se décoëffoient, se gourmoient à coups de poings, & se pochoient souvent les yeux. La postérité aura de la peine à croire toutes les scènes comiques & tragiques qui se sont passées à ce sujet. Nos descendans en jugeront sans doute, comme nous pensons du schisme qui fit naître parmi les Cordeliers de France la question sur leur Capuchon; savoir, s'il devoit être rond ou long. Personne n'en ignore les funestes suites.

Comme j'avois vu le Prince de belle humeur, je voulus tâcher d'en profiter, pour procurer à mon beau-frère un poste qui lui convenoit fort. Je ne pensois pas à demander pour moi; la poire que je lorgnois n'étoit pas encore mûre. J'attendis le moment qu'on devoit lui servir son chocolat, qui lui tenoit ordinairement lieu de diner. Il étoit déjà tard; il ne me fallut pas attendre long-temps; les gens de l'Office passèrent, précédés d'un Page, mon ancien camarade, que je priai de m'annoncer. Il le fit, & je fus introduis dans l'appartement, où je fus spectateur du diner frugal du Prince.

Il me demanda *si je n'avois point de parent dans l'Eglise.* Je lui répondis que je n'en connoissois point; que je doutois même qu'il y en eût jamais eu, &

que je me flattois d'être le plus dévot de ma race. Il rit de bon cœur, & me dit *qu'il ne croyoit pas que mon nom grossît le Calendrier Ecclésiastique.* Lui ayant répondu que j'aimerois mieux qu'il grossît la liste des Emplois dans les Places, il me dit obligeamment *qu'il ne m'oublieroit pas quand il seroit temps.*

N'étant interrompu de personne, je lui représentai que mon beau-frère, qui étoit bon Gentilhomme, & qui avoit servi avec honneur dans les dernières guerres d'Espagne, n'étoit pas fort bien partagé du côté de la fortune : & l'ayant prié d'allonger son pain pour que ma sœur n'en manquât point, il me demanda *si elle étoit jolie.* Elle l'a été, lui dis-je, Monseigneur ; mais ne l'étant plus, le pain pourroit bien lui manquer. *Va,* reprit-il, *tu es un grotesque corps. Sais-tu,* reprit-il, *quelque place vacante ?* Je lui repartis que je connoissois trois postes à remplir, deux de Maréchal de France, & la Majorité d'Arras. Je suis modeste, Monseigneur, repris-je, je ne demande que le dernier, qui mettroit mon beau-frère dans un état passable. *Pardieu,* dit-il, *je te jure qu'il l'aura.* Je remerciai Son Alteſſe Royale, & lui baiſant la main, il ſentit que je la mouillois de mes larmes. *Tu pleures donc de joie ?* me dit-il. Non, lui répondis-je, Monſeigneur, mais mes yeux ſont ſi noirs, que j'en ai lâché le robinet, croyant qu'il en ſortiroit de l'encre pour écrire le Brevet. *Je t'entends*, repliqua t'il. *Va-t'en de ma part au Bureau de la Guerre, fait écrire le Brevet, apporte-le-moi ſur le champ, & je le ſignerai.* Pardon, Monſeigneur, lui dis-je en prenant congé, ma foi il eſt bien dur de voir le lièvre entre les mains d'un autre, quand on l'a ſoi-même déniché du buiſſon. Il ſe mit à rire, & je ne fis qu'un ſaut du Palais-Royal au Bureau.

Je le trouvai encore ouvert ; mais les Commis ſe diſpoſoient à s'en aller dîner. J'en priai un de ſi bonne grace de me dépêcher, qu'il ſe mit en train d'écrire. De quoi, s'agit-il ? me demanda-t'il. *De la Majorité d'Arras*, lui dis-je. D'Arras, reprit-il, en rêvant. Oui, oui, d'Arras, répétai-je. Il ne repliqua point ; mais ayant feuilleté ſon regiſtre, il me dit que je me trompois, parce que ce poſte étoit promis, & qu'il en devoit expédier le Brevet dès le soir même. Voyant bien qu'il falloit quelque chose de plus éloquent que ma langue, je tirai dix louis de ma poche, que je lui mis dans la main. Il les lorgna, & se mit à écrire. Je pris le Brevet, sans me donner le temps de le remercier; je crois qu'il s'en soucioit très-peu, & je courus d'une haleine à l'appartement du Prince, que je trouvai encore seul. Il lut le Brevet avec plus de tranquillité que je n'en avois à le lui voir lire, de peur qu'il ne se souvînt d'avoir promis le poste. Heureusement il n'y pensa pas. Il le signa, & ma tendre impatience me fit voler auprès de ma sœur, à qui je donnai le Brevet pour en faire présent à son mari à son arrivée.

Il revint deux jours après, chargé de toutes parts de mille embrassades pour ma sœur & pour moi. La lettre qu'il m'apporta de Ferdinande me fit pour le moins autant de plaisir, que le Brevet de Major lui causa de joie. Sa femme le lui donna en l'embrassant. Voilà, lui dit-elle, l'effet de mes desirs, & le fruit des soins de mon frère; Dieu nous face la grace d'en jouir long-temps en joie & en santé. Il le lut, & se jetant ensuite à mon cou ; je vous serai donc sans cesse redevable, me dit-il, mon cher & tendre frère. Heureux mille fois ! si je trouvois l'occasion de m'acquiter. Je répondis à ce sentiment de reconnoissance d'une manière à finir les complimens, & je le priai de me donner des nouvelles de Ferdinande. Comment se porte-t'elle ? lui dis-je. Est-elle contente ? A t'elle repris sa belle humeur en respirant l'air natal ? Je lui fis à la fois vingt questions de cette nature. Il me répondit qu'elle étoit dans son élément, & qu'il ne falloit que la voir pour en juger. Le jour que nous devions arriver au logis, elle voulut à toute force se mettre en Cavalier, pour surprendre toute la famille. Elle y réussit, & pendant plus d'une heure elle fut inconnue à tout le monde. Personne ne la connut, même à la voix. Je ne sais si elle se contrefaisoit, ou si la voix lui avoit insensiblement changé à Paris, sans que nous l'eussions remarqué.

Vous sentez bien qu'elle ne put se déguiser plus long-temps ; elle voulut éprouver la tendresse de ceux dont elle avoit reçu mille politesses, en qualité de Cavalier étranger que j'amenois avec moi. On la trouva parfaitement bien. Je n'en fus point surpris, puisqu'elle s'étoit exercée avec nous pendant quelques années. Il ne manquoit que vous pour rendre la joie complette, & pour rendre parfaite la satisfaction de toute la famille.

Le Chevalier ne passa que deux jours à Paris. Il en partit le troisième pour Arras, après avoir remercié le Prince & pris ses ordres. Il s'en fut prendre possession de son poste, pour revenir dans la quinzaine prendre ma sœur, & se fournir en même-temps de bien des choses nécessaires au ménage, qu'on trouve plus aisément à Paris qu'en Province.

Je me trouvai seul à Paris après leur départ. Je quittai les deux appartemens que nous avions occupés, & je fus prendre possession de celui que Mr. de Canillac m'avoit destiné à l'Hôtel. J'eus beaucoup de peine à m'accoutumer à la privation de l'aimable compagnie que j'avois perdue; rien au monde ne me parut plus étrange; c'étoit la première fois de ma vie que je me trouvois seul. La Tulipe me divertiſſoit néanmoins de temps en temps par ſa naïveté. Je puis dire que c'étoit un valet ſans prix. Je ne m'en ferois jamais défait, ſi j'euſſe pu avancer ſa fortune ; mais ne la regardant que dans un lointain, je préférai ſon avantage à mes propres intérêts. Le Lieutenant-Colonel au Régiment de Piémont m'ayant dit qu'il cherchoit un valet-de-chambre qui pût le ſervir à toute main, je lui offris la Tulipe ; & ſur le caractère que je lui en fis, il s'empreſſa de l'avoir, & je le lui accordai.

Je ne ſais par quel preſſentiment j'avois une envie démeſurée de quitter Paris, il m'étoit devenu inſupportable. Eh ! plût au Ciel que j'euſſe ſuivi les mouvemens de la nature ! Si je m'étois retiré, comme je faillis à le faire, je ne regretterois pas la prétendue fortune que j'attendois du Prince : la poſſeſſion de Ferdinande étoit capable de m'indemniſer de tout ce que je pouvois attendre de mieux, au lieu que je perdis & mon adorable Maîtreſſe, & la faveur du Prince, avec toutes mes eſpérances. Ciel ! que ne m'inſpirois-tu avec plus de clarté ! Mais j'ai dans l'idée que tu n'a pas manqué dans cette occaſion, & que j'ai manqué moi-même d'intelligence ou de docilité.

Quelques mois après le départ de ma sœur & de mon beau-frère, dont la triste séparation acheva de me plonger dans la mélancolie où l'éloignement de Ferdinande m'avoit jeté, je me trouvai dans un cercle au Café de Procope avec deux aimables Cavaliers, qui voyant entrer le Comte de Bre.... Mousquetaire dans la première Compagnie, me dirent que ce jeune Seigneur soutenoit bien mal son nom & sa naissance. Je ne le connoissois pas même de vue, car je ne me rappellois pas sa figure. Continuant à parler de lui, ils me dirent qu'ils avoient été témoins de la vive insulte qu'il avoit faite dans la rue de St. Sauveur à une jeune Dame très-modeste, à qui un fort joli Cavalier, qui avoit l'air d'être nouvellement arrivé de Province, donnoit très-poliment le bras.

A ce récit, le sang me bouilloit dans les veines. Je le regardai & le reconnus au portrait que m'en avoit fait ma chère Ferdinande. Comme je me disposois à lui aller parler, je le perdis de vue. J'eus beau chercher des yeux dans tous les coins du

Café, je ne le vis plus. Mais ma vengeance pour être différée n'en étoit pas moins vive, & je pris dès ce moment la résolution de la satisfaire. Je revins plus de dix jours de suite au même Café, sans pouvoir le rencontrer. Comme le temps passe l'éponge sur toutes choses, je ne pensois plus à lui.

Mais un matin que je sortois d'un gros Pharaon, qui s'étoit fait toute la nuit chez la Maréchale d'Etrées, & où j'avois perdu tout mon argent à dix louis près, je rencontrai mon homme. Autant piqué de ma perte que de l'insulte faite à ma sœur, je lui dis à l'oreille que j'avois quelque chose de conséquence à lui dire dans le parvis de l'Eglise des grands Augustins. Après lui avoir demandé s'il n'étoit pas le Comte de Bre.... il me dit que c'étoit lui-même. Hé, bien, lui dis-je, il y a long-temps que je te cherche pour tirer raison de la brutalité avec laquelle tu traitas, il y a déjà quelque-temps, ma sœur & un de mes proches qui lui donnoit le bras. Tu es Mousquetaire, je le suis aussi; allons-nous-en de ce pas derrière l'enclos des Chartreux, où je prétends, si je puis, laver cette insulte dans ton sang; je doute fort que celui de tes illustres ancêtres coule dans tes veines.

Se sentant piqué au vif, comme il est aisé de le penser, il me répondit qu'il me feroit voir qu'il ne dégénéroit pas de la valeur de ses aïeux. Bien te vaudra, lui repliquai-je, & il s'en alla au rendez-vous par la Porte St. Jacques, & je m'y rendis par celle de St. Michel. Y arrivant presque en même temps, nous convînmes de prendre haleine pendant quelques momens. C'est assez, me dit-il de son ton brutal: pourquoi différer à satisfaire ta vengeance? Tu as raison, lui dis-je, car je suis impatient d'en goûter le plaisir.

Nous mîmes à l'instant justaucorps bas, & nous étant mis en posture, nous nous tâtâmes assez long-temps. Ne nous connoissant ni l'un ni l'autre, il étoit naturel que nous examinassions un peu nos attitudes. Cet examen fut cause de sa perte. Je remarquai en lui faisant une feinte que je ne fournis point, qu'il m'avoit donné jour, & qu'il s'étoit découvert le côté qu'il me presentoit. Je ne jouai pas d'abord seul mon jeu; je m'amusai à lui parer sa ferraillerie, & ayant mis brufquement mon coup en œuvre, je le renverfai fur la pouffière. Je m'approchai pour voir s'il avoit quelque figne de vie, mais il étoit roide mort.

Je pris auffi-tôt mon parti; car j'avois à faire aux plus puiffans de la Cour. J'aurois eu tort de me flatter de n'être pas découvert ; deux Soldats aux Gardes avoient été fpectateurs de notre combat. Mes premiers pas me conduifirent au Palais Royal. J'y trouvai heureufement Ariague, que je cherchois. Je le priai de fi bonne grace de m'avancer le quartier de ma penfion, qu'il ne fit pas difficulté de me compter mon argent, quoiqu'il ne me fût pas dû plus d'un mois. Sortant de chez lui, j'allai à l'Hôtel ; je mis une partie de mes hardes dans un porte-manteau, & ayant pris un fiacre, je me fis mener jufqu'à Nanteuil, où j'attendis le carroffe de Sedan, qui devoit y être le lendemain à la dînée. Je pris cette route pour en impofer aux efpions, qui pouvoient croire que j'irois chez mon père, où il n'étoit pas fûr pour moi de paroître. Les parens du Gentilhomme, qui méditoient fans cesse contre moi des desseins de vengeance, auroient été charmés de cette occasion pour la satisfaire. Je n'avois résolu de me servir du carrosse public que jusqu'à Soissons, où je proposai de prendre des chevaux de louage jusqu'à la Meuse, que je fus joindre à Dinant, pays de Liége ; d'où je m'en allai pour Namur, par la Barque qui en part tous les jours à midi.

N'ayant pas trouvé de sûreté pour moi à prendre la route d'Arras, à cause du grand nombre de places où il faut dire son nom, & où l'on est conduit aux Commandans, je fus privé du plaisir d'embrasser ma sœur & mon beau-frère. Cette difficulté me priva encore des secours que j'en aurois pu tirer. Je continuai ma route de Namur à Bruxelles, par le carrosse ordinaire. Mon dessein étoit d'y faire quelque séjour, & même de m'y fixer, si je trouvois les moyens de me tirer d'intrigue. J'étois là plus à portée de ma Province, de Paris, & d'Arras, les seuls endroits qui m'intéressoient.

Dès mon arrivée à Bruxelles, je me renfermai dans une chambre garnie, qui me fut d'abord procurée, où je me livrai à des réflexions accablantes. J'en avois tout le temps. Ne connoiffant perfonne dans cette Ville, rien ne pouvoit m'en diftraire. Je me couchai fans fouper. Soit qu'ayant l'eftomac vuide, il ne s'élevât point de vapeurs affoupiffantes, ou que mes triftes réflexions m'euffent mis les efprits en mouvement, il ne me fut pas poffible de dormir. L'aurore même, qui affoupit les plus malheureux, me refufa cette faveur. Elle parut, & je la vis naître avec plaifir, dans l'efpérance que le Soleil calmeroit le trouble de mon efprit & de mon cœur, à mefure qu'il diffiperoit l'obfcurité de la nuit. Il fe leva, & parut dans toute fa beauté. Le Ciel étoit clair & pur; mais tout cela ne ramena point la férénité dans mon ame.

Je fortis de ma chambre pour aller prendre du chocolat au Café de la Canteftienne, où eft le rendez-vous de tout ce qu'il y a de Grands dans Bruxelles. Je fuis furpris, quand je me rappelle le défordre où étoient toutes les facultés de mon ame, que j'aimaffe encore la vie, & que je penfaffe aux moyens de me la conferver : tant il eft vrai qu'à moins que d'avoir l'efprit perdu ou entiérement dérangé, on ne sauroit renoncer à un sentiment si naturel! Admire donc qui voudra la Philosophie enragée de ceux qui, sous quelque prétexte que ce puisse être, regardent le souverain mal comme la source du véritable bien. Un système si dépourvu de bon sens ne peut être adopté que par des esprits atrabilaires, pour qui le présent, quelque agréable qu'il soit, n'a point d'attraits; comme si l'avenir, qu'il leur est inconnu, pouvoit solidement fonder leurs espérances. La nature est trop sage pour autoriser un principe si ruineux, & qui la combat si fort.

A chaque pas que je faisois dans les rues, le nom de ma chère Ferdinande m'échappoit, accompagné d'un soupir. Je me ferois consolé de son éloignement, si j'eusse vu la moindre lueur d'espérance de la rejoindre quelque jour. Mais de m'en flatter, c'eût été embrasser la chimère. Le parti du désespoir auroit été encore plus raisonnable. De tous ceux que je vis au Café, le Baron de Broc..... me parut du plus facile accès. Je l'accostai, en lui faisant le compliment que peut faire un étranger en pareille occasion. Il me parla fort gracieusement, & me mit en peu de temps au fait du train de Bruxelles. Nous sortimes ensemble; il prit son parti, & je m'en fus dans ma chambre pour m'entretenir de ma chère Ferdinande, qui étoit le seul objet que je regrettois, comme l'unique de ma félicité.

Rempli dans ce moment, plus que jamais, des sentimens que peut inspirer la plus vive tendresse, je ne voulus pas différer à les lui marquer. Je lui écrivis à cet effet, & lui appris mon duel qui m'éloignoit sans ressource de sa présence. J'en écrivis aussi une à mon père & à mon beau-frère le Major, pour les informer de ma fatale situation. En attendant réponse à les lettres, je continuai de fréquenter le Café dont j'ai parlé, & d'y cultiver le Baron de Broc.... qui y passoit la meilleure partie du jour. A la faveur de sa connoissance, je me faufilai avec l'Abbé Carraccioli, fort aimable Gentilhomme Italien, & joueur de profession.

Il n'eut pas de peine à me mettre dans son train. J'aimois le jeu autant que lui; cependant je balançai long-temps à m'asfocier avec lui. Je n'avois que cinquante louis, & je ne devois attendre de l'argent de qui que ce fût au monde. Je me laissai prendre enfin aux appas dont il me fit un étalage plein d'espérances. Je jouois de mon côté & lui du sien ; la fortune ne laissa pas de nous rire & de grossir notre magot ; notre fond étoit de cinquante louis, à moitié perte ou profit.

En toute autre situation j'aurois goûté ce plaisir, mais mes réflexions désespérantes mêloient de l'amertume à tout ce que je faisois. J'avois beau saisir toutes les occasions propres à les dissiper, mon esprit étoit trop frappé pour recevoir quelque relâche. Je me trouvois d'ailleurs assez bien à Bruxelles. L'air & les manières m'en plaisoient fort. Je m'estimois malheureux de ne pouvoir en profiter comme je l'aurois pu, si mon cœur n'eut été tout occupé de Ferdinande.

Mon père me fit une aussi prompte réponse que je pouvois l'attendre. Après m'avoir parlé en père, & m'avoir fait des corrections que je sentois mériter, il me parloit en ami, en m'exhortant à profiter de mes fautes, sur-tout dans le pays étranger où j'étois sans ressource, & à devenir sage à mes dépens. Pour des secours de ma part, m'écrivoit-il, vous n'ignorez pas l'impuissance où je suis de vous en donner ; la plus petite somme que je pourrois vous envoyer incommoderoit extrêmement ma famille, ainsi ne comptez que sur vous seul. Il me prévenoit, car je ne lui avois pas touché cette corde, sachant qu'il étoit fort inutile.

Cette réponse, à laquelle je m'attendois, ne me causa aucune altération. Mais n'en recevant point de l'adorable Ferdinande, j'éprouvai ce qu'un amour sans retour peut faire sentir de plus rigoureux. Mon associé vint me voir au moment que j'étois livré à de cruelles réflexions. Il ne lui fut pas mal-aisé de s'en appercevoir ; mon visage & mes yeux lui marquoient assez la situation de mon cœur. Qu'avez-vous ? me dit-il ; ne me jugez-vous pas digne de votre confiance ? Vous savez, reprit-il, Mr. le Chevalier, que rien ne soulage mieux nos peines que de les déposer dans le sein de nos amis. Mettez-moi, je vous prie, ajouta-t'il, au nombre des vôtres ; vous m'éprouverez quand il vous plaira, & je me flatte que vous m'en trouverez digne.

Cette ouverture, qui me parut naturelle, sembla apporter quelque soulagement à mes peines. Je sentis le vrai de son discours, & je m'y rendis. Après avoir répondu à ses politesses avec une cordialité égale, je lui racontai toutes mes affaires, sans lui déguiser l'amour violent que j'avois pour ma cousine. Quant aux affaires d'honneur que vous avez eues, c'est moins que rien : il est aisé de renoncer à sa patrie, & de trouver ailleurs de quoi s'en dédommager. Je suis à peu près dans le même cas, reprit-il ; mais je n'ai jamais été sensible à mon exil. Je me suis tiré d'affaire par-tout, à coup sûr, avec moins de moyens que vous. Tranquillisez-vous donc sur cet article. Mais pour les affaires de votre cœur, je n'ai point de conseil à vous donner, ou tout au plus, je vous conseille de vous faire ici un Maîtresse propre à remplacer celle que vous perdez ; à moins que vous ne veuilliez attendre du temps la guérison de la blessure que l'amour vous a faite.

Ses conseils étoient sages & solides ; je

les avois déjà mis en œuvre quant aux affaires qui m'exiloient de ma patrie; mais Ferdinande étoit trop profondément gravée dans mon cœur pour que le temps même fût capable de l'en effacer. Toutes les autres beautés, toutes celles de Bruxelles, & c'est dire beaucoup, me paroissoient insipides & rebutantes. Je lui parlai en conformité de ces sentimens. Il me plaignit, & avant de me quitter, il me donna rendez-vous au Café ordinaire, d'où nous devions aller à une partie de jeu qui devoit se faire chez le Duc d'Ar..... Il y avoit de l'argent à gagner.

Nous y arrivâmes comme la partie se lioit. C'étoit un gros Pharaon, où la plus petite masse étoit d'un louis, c'est-à-dire, une pistole de Brabant. Le jeu étoit trop fort pour que nous fussions assez hardis pour jouer tous deux. Je le laissai faire, & il réussit. Sa manière de jouer me parut aussi sûre que sage. Il prenoit toujours une seule carte au commencement de la taille, la couvroit de deux louis. S'il perdoit, il prenoit une autre carte, sans avoir égard aux faces des deux colonnes; il ne poussoit jamais deux fois la même; & il la couvroit de quatre louis. Si elle étoit encore faite, il maſſoit huit louis ſur une autre, & il continuoit de la ſorte juſqu'à ce que ſa carte vint à gain. De façon que chaque fois qu'il gagnoit, il avoit toujours deux louis de profit. Mais la taille ne fut-elle qu'à moitié quand il avoit gagné, il en attendoit une autre pour rejouer. Il tint pied à boule au Banquier, quoiqu'il taillât juſqu'au lendemain à dix heures du matin. Il n'y auroit pas eu de prudence à perdre un argent ſûr. Le plus grand nombre de cartes qu'il perdit, ne paſſa pas la cinquième, & ordinairement il gagnoit la ſeconde ou la troiſième. Je fus ſi ſurpris de la méthode de mon aſſocié, que j'eus le lendemain la conſtance de paſſer la nuit avec lui, pour voir le nombre de cartes que je perdrois de ſuite. En douze heures de temps que l'Abbé me tailla, je ne perdis jamais juſqu'à la quatrième.

Vers les dix heures du ſoir, le Poëte R**, cet obſcène Epigrammiſte, entra dans la ſalle du jeu, pour ſe relâcher ſans doute de ſon travail. Je ne le connoiſſois pas; mais l'ayant ouï nommer, je l'accoſtai. J'étois mis d'une certaine façon à n'en pas être mal reçu. Cependant je ne trouvai pas qu'il répondit à mes politesses. Je crois qu'il ne venoit-là que parce que la compagnie se trouvoit tout près de son appartement. Il logeoit dans un pavillon que le Duc, plein de générosité, lui avoit donné dans son Hôtel. A cela, ce Seigneur joignoit sa table & mille autres bontés, dont il a été fort ingrat. Son cœur revêche & mal placé est marqué par cent traits indignes, qu'on ne sauroit ni justifier, ni pallier. Hé! comment pourroit-il avoir de la reconnoissance pour ses bienfaicteurs, lui qui a violé les devoirs les plus sacrés de la nature & du sang, en reniant son père, & laissant périr sa mère de misère, quoiqu'il fût très-en état de leur donner du secours! Monstre affreux, qui ne sauroit être que du goût d'autres monstres, en quelque genre que ce soit.

Voyant son air brutal, je m'éloignai de lui, résolu d'éviter les occasions de donner l'essor à ma vivacité. Je prévoyois que si j'avois continué de l'entretenir, j'aurois pu m'exposer à des affaires, dont j'avois raison d'être las. Ce visage me déplaisoit infiniment. Je m'éloignai d'une si bourrue perspective, & je m'approchai de mon associé qui avoit vent en poupe. Le Banquier ayant quitté, nous fûmes à notre Café, pour nous refaire de la veille de la nuit par une tasse de chocolat. Le profit montoit à cinquante louis, que nous partageâmes, comme nous en étions convenus en nous associant. Quoique nous jouassions de moitié, nous avions chacun notre fond, & nous partagions sur le champ le produit de la fortune.

Plus cette inconstante me favorisoit au jeu, moins j'espérois ses faveurs dans mon amour. Hélas! si elle m'eut laissé le choix, j'aurois perdu tout mon bien, & j'eusse possédé Ferdinande. Le gain de tout l'or du monde n'étoit pas capable de me rendre son absence supportable; je ne supportois guères moins son silence. Il y avoit plus de cinq semaines que je lui avois écrit, & je n'en recevois point de réponse, quoique j'en eusse pu recevoir par quatre ordinaires. Toutes mes réflexions étoient vaines dans cette conjoncture; je ne pouvois m'en prendre qu'à mon malheureux destin.

Cependant le séjour de Bruxelles me
devenoit

devenoit de jour en jour agréable, autant que je pouvois être susceptible de plaisir. J'y fis connoissance avec la principale Noblesse, chez qui j'avois une très-gracieuse entrée. Tout étoit capable de dissiper mon chagrin, s'il n'eût pas été si fondé. Il prit néanmoins fantaisie au destin de me regarder d'un œil de pitié. Il finit mes peines lorsque j'y pensois le moins.

Un jour que je jouois au piquet dans mon Café ordinaire avec un Officier des Troupes de l'Empire, le fils de mon hôtesse vint me dire à l'oreille, qu'un jeune Cavalier François m'attendoit au logis. Le cœur me tressaillit, & je ne savois à quoi en attribuer les mouvemens. J'éprouvois des symptômes que je ne pouvois démêler. Heureusement la partie finissoit; car s'il m'eût fallu jouer davantage, je n'aurois sû comment m'y prendre : je sortis, & je courus au logis d'un mouvement machinal.

Ciel! quel spectacle ne s'offrit point à mes yeux! Comment pus-je le voir sans mourir! C'étoit Ferdinande, qui sous un habit de Cavalier me sauta au cou, & me rendit immobile. Silence, me dit-elle à l'oreille, & mesurez vos termes. Ces mots me réveillant comme d'un sommeil léthargique, me rappellèrent les sens & la raison, & me firent voir la conséquence de la précaution qu'exigeoit notre amoureux mystère.

Soyez le bien arrivé, lui dis-je mon cher Chevalier; je suis charmé de vous voir; & après quelques politesses, qui ne pouvoient donner rien à entendre, je pris la clef de mon appartement, & nous y montâmes, Ferdinande & moi.

Ce fut alors que notre mutuelle tendresse prenant son essor, nous nous embrassâmes mille fois, nous disant ce que l'amour peut dicter de plus doux & de plus touchant. Dieux! ne fûtes-vous point jaloux de cette réunion? & votre jalousie vindicative ne vous détermina t'elle pas à en borner de si près la durée. Ayant épanché toute notre tendresse, nous prîmes nos mesures pour tenir caché tout le mystère de nos amours. Il se trouva un appartement vuide, qui étoit fort à propos de plein pied avec le mien; je l'arrêtai aussitôt pour Ferdinande, sous l'ancien nom de Chevalier du Conseil.

Je bénis mille fois mon sort au milieu de mes infortunes, trop heureux de posséder l'objet du plus violent amour qui fut jamais. L'heure du dîner s'étoit passée sans nous en être apperçus. Ferdinande se sentant de l'appétit; dînerez-vous aujourd'hui? me dit-elle d'un air badin. Par ma foi, lui répondis-je mon cher Chevalier, votre préfence m'a fait perdre le goût de toutes choses. Bon, bon, dit-elle, il faut manger pour vivre, & vivre pour s'aimer plus long-temps. Je donnai ordre à l'instant qu'on allât à mon auberge, pour me faire apporter un bon dîner. Il nous fut promptement servi. Je gratifiois si souvent les domestiques, qu'ils auroient quitté pour moi tous leurs chalands.

Après le dîner, elle me dit que dans le dessein qu'elle avoit formé, à la vue de ma lettre, de me répondre de bouche, elle n'avoit pas jugé à propos de confier son secret au papier. Ayant appris votre sort, je me proposai d'en partager les disgraces. Je n'ai pu exécuter plutôt mon dessein, parce qu'il ne m'étoit pas facile de prendre mes mesures. Puisque le destin vous éloigne pour toujours de notre commune patrie, je lui ai dit un éternel adieu, pour adopter celle où vous trouverez un asyle.

Jamais situation ne fut pareille à la mienne, quand j'appris la résolution de la fidèle Ferdinande. J'en frémis. La crainte de la voir réduite à la misère que j'avois en perspective, contrebalançoit si fort la joie que j'avois de la posséder jusqu'à la mort, que j'eus de la peine à résister au cruel combat qui se livra dans mon cœur. Embarrassé à lui répondre, je me jetai à ses genoux, en la conjurant de ne pas s'exposer aux disgraces qui me menaçoient. J'en soutiendrai seul toutes les rigueurs ; mais de vous les voir éprouver, j'en aurois un si grand créve-cœur que je ne saurois y résister, & j'en mourrois de tristesse & de rage.

Tranquillisez-vous, mon cher cousin, me dit-elle, & ne prévenez point ainsi les choses sinistres. Si nous devons les éprouver, elles n'arriveront que trop-tôt. Ne nous repaissons donc, vous & moi, que de ce que l'amour & la fortune ont de plus doux. Le Ciel doit certainement favoriser notre tendre union, puisqu'il l'a formée dès notre enfance. Nous l'avons fomentée ; nous en avons ferré les nœuds par un amour fidèle & conftant. Si les Loix condamnent la nature, la nature eft autorifée des Dieux : attendons-en, au contraire, la récompenfe de notre fidélité; nous n'avons rien fait qui puiffe les irriter, ni mériter leur jufte colère.

Que de force, m'écriai-je, que de raifon dans un fexe fragile, que les infenfés en trouvent incapable ! C'en eft fait, lui dis-je, fouveraine de mon ame, j'oublie le paffé, je ne penfe plus à l'avenir; le préfent eft le feul bien que vous & moi devions mettre à profit. Ciel ! m'écriai-je encore, foutiens-nous dans de fi heureufes difpofitions !

Point de foibleffe, reprit-elle, mon cher cœur; la fortune n'écrafe que les ames lâches; forçons-là par notre fermeté à nous être favorable. Elle n'eut pas achevé de parler, qu'on frappa à la porte. C'étoit l'Abbé Carraccioli, qui entra, à fon ordinaire, prefque auffi-tôt qu'il eut frappé. Je vous croyois feul, me dit-il, fans quoi je ne ferois pas entré fi hardiment. Je lui répondis qu'il ne feroit

E iij

jamais de trop chez moi, en quelque compagnie que j'y fuſſe. Il reçut ma politeſſe; & nous ayant remarqué quelques traits reſſemblans & le même accent, il crut que le prétendu Chevalier étoit mon parent. Il me demanda s'il ſe trompoit ? je lui dis que ſon diſcernement étoit juſte. Il me félicita de ſon arrivée, & ſe retira en concluant qu'apparemment on ne me verroit point de ce jour-là au Café. Vous l'avez deviné, lui dis-je, Mr. l'Abbé; mais j'eſpère que nous vous reverrons ici ce ſoir, car je vous prie d'y venir manger un poulet ; nous vous attendrons. Il me promit d'y venir, & me tint parole.

La ſoirée ſe paſſa fort agréablement. Le Chevalier du Conſeil trouva l'Abbé fort de ſon goût. Il étoit toujours de belle humeur ; mais il la porta ce ſoir-là au dernier période. Il n'en fallut pas davantage pour réveiller celle de Ferdinande. L'Abbé en fut charmé. Il lui demanda ſon amitié, qu'elle lui accorda de la meilleure grace du monde. A la fin du ſouper, il faut, dit-il, que je paie à préſent mon écot, & tirant cinq louis de ſa poche ; voilà, reprit-il, le produit de ma fortune dans mon après-dîner. Je lui en remis deux, j'en avois gagné quatre dans la matinée. Ne perdons point courage, mon cher associé, dit-il en se levant de son siége; il en sera peut-être de nous comme de la règle de Grammaire, qui porte que deux négations valent une affirmation; peut-être que de malheureux que nous étions tous deux avant de nous connoître, il en résultera un couple heureux.

Dès qu'il fut sorti, je prévins la curiosité de Ferdinande, & lui rendis compte de l'association que j'avois faite avec l'Abbé. Elle m'est fort avantageuse, lui dis-je, & si la fortune continue à nous rire, nous serons en état de figurer dans Bruxelles. Depuis environ deux mois que j'y suis arrivé, j'ai trente louis de profit au-delà de ma dépense. Elle me témoigna d'un ton assez indifférent qu'elle en étoit bien aise, & elle se tut tout court. Vous avez encore quelque chose à dire, lui dis-je; parlez librement, & développez-moi, je vous prie, votre pensée. Puisque vous le voulez, reprit-elle, je vous prends au mot; & elle me dit qu'elle seroit au désespoir que le jeu m'engageât dans de

E iv

mauvaises affaires, sur-tout si l'Abbé, avec qui j'étois de moitié, violoit en jouant les loix de la franchise & de la fidélité, qui, comme vous savez, ajouta-t'elle, sont encore plus sacrées au jeu qu'en tout autre commerce. Je la rassurai sur cet article, en lui disant que l'Abbé avoit parmi les joueurs de la Cour & de la Ville, la réputation du plus beau joueur du monde. Cela me fait plaisir, dit-elle; & tirant sa bourse, voilà, reprit-elle, tout le bien que j'espère ; joignez-le au vôtre avec autant d'empire que vous en avez sur mon cœur. C'est, ajouta-t'elle, tout ce que j'ai pu glaner chez mes amis. J'ouvris la bourse, & j'y trouvai deux cens louis. C'étoit une ressource considérable dans la situation où nous étions. Ciel ! que n'a-t'elle été de plus longue durée !

Ferdinande, que je ne nommerai plus que mon cousin, dormit jusqu'au-lendemain fort tard, pour se refaire de la fatigue de son voyage. Elle n'avoit rien emporté que la bourse dont elle m'avoit fait dépositaire. Pour moi, qui étoit fort matineux, je me levai à l'ordinaire pour aller au Café joindre mon associé. Je laissai ordre en partant, de dire à mon cousin qu'il attendît mon retour. Je ne l'aurois point quitté, s'il ne m'eût fallu prendre langue avec l'Abbé pour continuer notre commerce.

Il y étoit déjà avant que j'y arrivasse; il étoit même aux prises avec un Officier Allemand, qui n'aimoit pas moins le jeu que lui. J'attendis qu'ils eussent fini. Nous prîmes ensemble le chocolat, & il me dit que les Joueurs avoient fait partie d'aller dans la forêt de Soing voir la chasse de l'Archiduchesse; & que si je voulois la faire voir à mon cousin, il nous accompagneroit. Je lui répondis qu'il étoit trop fatigué pour faire cette partie, & que d'ailleurs l'affaire qui l'obligeoit de quitter la France étant de la nature de la mienne, il me paroissoit n'avoir pas beaucoup de goût pour les plaisirs tumultueux. Donnons-lui un peu de relâche, ajoutai-je; le temps pourra le tranquilliser. Vous avez raison, me repliqua-t'il: cependant comme nous sommes libres aujourd'hui, je serois d'avis que nous prissions l'air; nous pourrions fort bien aller diner ensemble à Ixel. La proposition me plut; je me chargeai de la rendre agréable à mon cousin, & je fus le joindre, ayant parole de l'Abbé qu'il viendroit nous prendre à onze heures.

Il n'en étoit encore que huit lorsque j'arrivai au logis, où je trouvai mon cousin prêt à sortir. Nous avions autant de temps qu'il en falloit pour aller lui acheter des hardes. Nous sortîmes à ce dessein, & je l'équipai parfaitement bien. Après avoir fait nos emplettes, nous trouvâmes l'Abbé qui nous attendoit au logis. Nous en sortîmes aussi-tôt pour exécuter notre partie. Ayant rencontré hors de la porte de Namur un Etranger que j'avois vu plusieurs fois au Café, écoutant tout ce qui s'y disoit & ne disant jamais mot, je saisis l'occasion de satisfaire la curiosité que j'avois depuis long-temps de l'entretenir. Il faisoit notre chemin ; & comme si nous eussions eu tous deux le même desir, nous nous joignîmes sans aucune façon. Mon cousin prit les devans avec l'Abbé.

C'étoit un Cavalier d'un certain âge, mais de très-bonne mine. Je lui trouvai beaucoup d'esprit & de sagesse. Notre conversation de générale qu'elle fut d'abord, devint particulière. Il me dit qu'il n'avoit quitté la Calabre sa patrie, que pour satisfaire la passion qu'il avoit de voyager. Je me contentai de lui faire pressentir qu'une affaire d'honneur m'avoit éloigné de la mienne, ainsi qu'un de mes parens qu'il voyoit devant nous avec un Abbé. Il me plaignit, voyant que mon exil n'étoit pas volontaire; & après m'avoir fait des offres de service, il voulut me quitter, disant que l'heure du dîner s'approchoit. Je le priai avec tant d'instances d'accepter celui que la beauté du jour nous invitoit d'aller prendre à la campagne, qu'enfin il l'accepta. Nos minois lui plurent, & il parut touché de nous voir si jeunes dans l'embarras.

Cependant nous ne parlâmes plus de rien qui fût capable de nous attrister. Le dîner se passa avec beaucoup d'enjouement, & nous nous réjouîmes on ne peut pas mieux. L'Abbé, qui étoit toujours de belle humeur, s'y donna carrière entière. Nous ne fûmes pas en reste, chacun se mit en frais de gaieté, & nous profitâmes du beau jour, jusqu'à la nuit avancée, que nous rentrâmes dans la Ville. Nous parûmes tous fort contens de l'agréable partie que nous venions de faire.

J'étois si charmé de la conversation que j'avois eue avec l'Etranger, qu'elle me roula toute la nuit dans la tête. Je me rappellai sans peine à mon réveil tous mes rêves. Je ne savois sur quoi étoit fondé le plaisir que j'avois de m'y amuser. Je les communiquai à mon cher cousin. Il me dit qu'on avoit souvent en songe des pressentimens fort justes. Que sait-on ? dit-elle; peut-être cet homme est-il l'instrument dont le Ciel veut se servir pour nous rendre service. Cette réflexion me fit une si forte impression, que je le regardai désormais comme une solide ressource.

Quoique je pusse m'en passer alors, je ne laissai pas de prévoir que je pourrois en avoir besoin. J'eusse été fort téméraire de compter sur la fortune; ses faveurs sont rarement constantes. Le jeu d'ailleurs ne manque jamais d'avoir ses révolutions. Je pris donc la résolution de cultiver les bonnes graces de cet honnête homme, qui me paroissoit fort en état de me rendre service dans l'occasion. Tous les momens que je n'employois pas au jeu lui étoient consacrés ; je ne manquois pas de l'accoster toutes les fois que je le voyois au Café, & il me faisoit connoître le plaisir qu'il avoit de ma complaisance.

Un jour qu'il m'y vit désœuvré, il me proposa la promenade. Je me prêtai à ses desirs, & nous allâmes au parc, qui tout fréquenté qu'il est, contient beaucoup d'endroits où l'on peut jouir de la solitude. Nous en choisîmes un, où nous étions sans témoins. Après que nous y eûmes fait deux ou trois tours ; me pardonnerez-vous, dit-il, une curiosité dont vous êtes le sujet ? Ne croyez pas, reprit-il, que j'aie l'impertinente démangeaison de savoir vos affaires. Non, mon cher Monsieur, ce n'est pas là mon motif, j'en ai un autre qui est digne de mon cœur. Vous me paroissez élevé d'une façon à ne pas pouvoir vivre dans la dépendance. J'ai appris de votre bouche que vous n'avez point de bien à attendre de vos parens, non plus que votre cousin. Je m'imagine d'ailleurs que vous tâchez de vous tirer d'intrigue par le jeu, & je trouve cette reſſource bien chancelante. Parlez-moi franchement, ajouta-t'il; peut-être trouverai-je le moyen de ſuppléer à cet expédient peu ſolide.

Cette ouverture me ſurprit agréablement : je crus qu'il parloit avec candeur, je voulus lui répondre du même ton. Je lui dis que quoique je n'euſſe pas l'honneur de le connoître, toutes ſes manières me perſuadoient que j'avois à faire à un homme d'honneur. Je lui racontai toutes mes affaires, ſans lui en cacher la moindre circonſtance. Je lui avouai même que mon prétendu couſin étoit ma parente & ma Maîtreſſe, que je tremblois de n'être pas toujours en état de ſoutenir. Il me repartit, que ſi je voulois être ſage & diſcret, il me mettroit en état de me paſſer de tout le monde. C'étoit un paradoxe pour moi ; mais ſans y voir goute ; il ne laiſſa pas de fonder mes eſpérances. Adieu, me dit-il, trouvez-vous demain ici à la même heure, j'ai quelque choſe à vous y communiquer.

Je fus au Café en le quittant : j'y trouvai mon aſſocié qui perdoit aſſez conſidérablement ; c'étoit la troiſième ſéance où la fortune nous avoit tourné le dos. L'Abbé ayant quitté le jeu, me joignit. La perte que j'ai faite est assez grosse, me dit-il ; mais j'ai un pressentiment que nous la réparerons dès aujourd'hui. Joignons nos fonds, me dit-il, & laissez-moi faire, vous aurez demain au matin de mes nouvelles. Je lui mis en main tout ce que j'avois de notre société. Il s'en alla je ne sais où, & je fus joindre mon cousin, qui s'amusoit plus de la moitié de la journée avec la fille de notre hôtesse, qui étoit fort aimable.

Nous montâmes dans notre appartement, où je lui répétai l'entretien que j'avois eu avec le Cavalier avec qui elle avoit dîné à Ixel. Elle me conseilla de le ménager, me disant que la sympathie faisoit souvent les meilleurs amis. Je l'assurai qu'il ne tiendroit pas à moi de mériter son attention. C'étoit effectivement mon dessein. Je sentois que la fortune commençoit à se lasser de nous être favorable ; je ne comptois plus sur la ressource du jeu. Le lendemain assez matin je m'en fus au Café à mon ordinaire, accompagné de mon cousin. Il y étoit déjà assez connu pour être accosté de plusieurs Cavaliers, qui, je ne sais par quelle notion, recherchoient sa compagnie. Me trouvant dans la salle du Billard avec un Officier de ma connoissance, je lui demandai s'il n'avoit point vu l'Abbé. Il me dit qu'il dormoit apparemment, parce qu'il avoit passé la nuit au jeu. Je l'y ai laissé à trois heures après-minuit, reprit-il; il étoit même en perte. Je ne sais, ajouta-t'il, si la chance a tourné.

Il ne me convenoit pas d'en demander davantage. J'avois d'ailleurs un pressentiment que nous perdrions tout de suite & notre profit, & notre fond. Je m'y tins & m'en consolai d'avance, en prenant du chocolat avec mon cousin & sa compagnie. Je fus persuadé que l'Abbé répareroit dans son lit la veille de la nuit, comme cet Officier me l'avoit insinué; & laissant mon cousin au Café, j'en sortis, après lui avoir fait signe que j'allois joindre mon homme. Le temps ne pressoit pas à la vérité, mais j'étois bien aise de lui prouver mon exactitude, & j'aurois été bien mortifié de le faire attendre.

Il me joignit assez-tôt pour ne pas éprouver ma patience. Comment avez-vous passé la nuit ? me demanda-t'il en m'abordant. Je lui répondis que je l'avois passé très-agréablement, & que j'avois eu le plaisir de m'entretenir avec lui pendant le sommeil. Qu'avez-vous pensé de moi ? me dit-il ; parlez sans déguisément. Je lui repartis que je l'avois vu en songe me tendre une main secourable dans le fond d'un précipice où des inconnus m'avoient jeté, & qu'il m'avoit assuré en m'en retirant que ce seroit la derniére chûte que je ferois, si je profitois de ses sages conseils.

Il me repliqua que mon rêve s'accordoit avec ses sentimens, & que s'il avoit pris la liberté de me donner quelques avis, ce n'avoit été qu'à dessein de me mettre à l'abri des coups de la fortune. Je ne sais si je puis oser me promettre que vous ne manquerez pas de discrétion, & que vous n'abuserez pas de la facilité avec laquelle je me livre. On s'imaginera sans peine que prévenu de son pouvoir, sans en connoître le fondement, je ne manquai pas de lui donner des assurances de ma discrétion. Oui, je lui protestois mille fois, dans les termes les plus énergiques & les plus touchans, que je ne me rendrois jamais indigne de ſes bontés par ma légéreté, ni par quelque action lâche ou équivoque. Mais hélas! que l'homme eſt imprudent, & peu conſtant dans ſes réſolutions!

Content de mes promeſſes, & jugeant, comme il étoit vrai, que je les lui faiſois avec toute la candeur poſſible, il tira une bourſe aſſez enflée, & me pria de l'accepter. Ne vous informez pas, dit-il, de quelle part elle vient; ſervez-vous-en noblement, mais modérément, à jouer. Ne vous refuſez ni à vous-même, ni à votre couſin, aucun agrément de la vie. Tirez-en parti en honnête homme, & quand elle ſera vuide, j'aurai le ſoin de la remplir. Nous nous ſéparâmes, & je courus au logis faire hommage à mon aimable couſin du préſent que je venois de recevoir.

Cette heureuſe aventure mit la dernière main à ma félicité: Eh! m'en falloit-il davantage pour être le plus heureux des hommes? Nous ne pouvions cependant nous imaginer, mon couſin & moi, d'où cet homme-là tiroit cet argent, & par quel ſort il le répandoit ſi généreuſement n notre faveur. Assurément, lui dis-je, mon cher cousin, c'est un de ces Philosophes bienfaisans, qui ne courent le monde que pour leur plaisir, & pour en faire aux malheureux qu'ils en jugent dignes. Qu'importe, me répondit-il, d'où nous vienne ce secours ? C'est toujours la Providence qui en est la directrice ; c'est elle que nous devons bénir, sans négliger de marquer notre reconnoissance au Cavalier, qui par sa probité est digne d'en être l'instrument. Ses réflexions étoient judicieuses, & je les adoptai. Cependant je vuidai la bourse sur la table, & nous comptâmes l'argent, ou pour mieux dire l'or ; car ce n'étoit que des ducats. Il y en avoit deux cens, que je mis entre les mains de mon cousin, où ils étoient plus en sûreté qu'entre les miennes.

Mon cœur me pressoit de marquer ma reconnoissance à mon bienfaicteur ; aussi ne manquai-je pas d'épier le moment qu'il étoit au Café. Je m'y rendis le lendemain des premiers, parce qu'il y alloit ordinairement de bonne heure, pour avoir le temps de s'aller promener après y avoir déjeûné. Il y avoit peu de temps que j'y

étois lorsqu'il entra, & nous nous y trou‑
vâmes seuls. Je l'accostai à mon ordinaire
& je lui marquai ma reconnoissance e[n]
des termes & d'un air qui prouvoient q[ue]
mon cœur étoit vivement pénétré de s[es]
bontés. Il m'interrompit, me priant d[e]
ne pas continuer à le contrister, en l[ui]
renouvellant la mémoire d'un si pet[it]
présent : le temps viendra peut‑être auqu[el]
je pourrai vous en faire de plus considéra[-]
bles & plus dignes de moi ; & change[ant]
tout‑d'un‑coup de sujet, il me deman[da]
des nouvelles de mon prétendu cousin
dont je lui avois avoué le déguisement. [Il]
me dit que si je voulois lui donner u[ne]
preuve de ma probité, il falloit que je s[o]‑
lemnisasse notre mariage. Je le lui promi[s,]
& dès que je l'eus quitté, je fus rejoind[re]
mon cousin, & lui annoncer mon dess[ein]
& le désir de mon bienfaiteur.

On ne doit pas douter qu'elle n'y co[n]‑
sentit de bonne grace. Mais nous n'aurio[ns]
jamais réussi en Brabant, où la Loi d[u]
Prince est sur le pied de celle de Franc[e.]
J'en voulus conférer le lendemain ave[c]
mon inconnu, dont j'ignorois toutes l[es]
qualités, & jusqu'au nom. Il me répond[it]

que le Café n'étoit pas un lieu propre à traiter ce sujet. Il me demanda ma soupe; ce qui me fit un extrême plaisir. Nous serons libres chez vous, me dit-il, nous y terminerons cette affaire.

L'Abbé qui me rencontra comme j'allois donner ordre au dîner, me confirma la perte qu'on m'avoit annoncée. Je le priai de croire que je n'étois plus en état de continuer notre société, & je lui témoignai prendre beaucoup de part à son malheur. Il faut espérer, me repliqua-t'il, que la fortune ne me tournera pas toujours le dos; & en me quittant, il m'emprunta dix louis, que je jugeai à propos de lui prêter.

Mon généreux étranger étant venu demi-heure avant celle du dîner, il nous parla à Ferdinande & à moi de la manière du monde la plus cordiale. Il fut charmé de notre docilité, & sur-tout de la tendre éloquence dont elle lui parla de de l'amour qu'elle avoit pour moi: en un mot, il fut content de nous trouver disposés à suivre ses conseils au sujet de notre mariage. Après que je lui eus allégué la difficulté, pour ne pas dire l'impossibilité de le célébrer en Brabant, lui proposai le Pays de Liége, où la [dis]cipline du Concile de Trente n'étoit [pas] encore établie, & qu'ainsi nous n'aur[ions] aucune peine à trouver des Prêtres [qui] nous donneroient la bénédiction nupti[ale] il goûta cet expédient, qui étoit pres[que] le seul qu'on pût mettre en usage, & v[ou]lut être du voyage. Il étoit si sage, [que] je ne jugeai pas à propos de lui dem[an]der le secret.

Pour que l'Abbé ne se doutât de ri[en] je le prévins sur mon absence de trois [ou] quatre jours, lui disant que mon co[u]sin & moi allions à Gand, pour y voir [un] Officier de nos parens qui étoit en ga[rni]son à Lille, & qui devoit faire la moi[tié] du chemin. Il le crut, & nous souha[ita] un bon voyage, & je lui souhaitai [une] meilleure fortune. Le pauvre diable [en] avoit besoin, puisqu'il ne se soutenoit q[ue] par le jeu.

Nous partîmes, mon bienfaicteur, F[er]dinande & moi, au jour fixé, & no[us] allâmes dîner à Saintrond pour y pren[dre] langue. Le hasard nous conduisit dans [un] cabaret, dont le maître avoit un fils P[rê] tre & Curé d'un gros Bourg nommé Bourgklone, qui étoit autrefois une Ville nommée Looz, Capitale du Comté de ce nom. L'ayant prié de nous informer des formalités qui s'obfervoient dans les Mariages au Pays de Liége où nous étions, il nous en inftruifit avec beaucoup de précifion, & nous propofa de nous mener chez fon fils. Nous acceptâmes fes offres, l'affurant que nous ne ferions pas ingrats. Il nous promit de faire notre affaire, & nous nous difpofâmes à le fuivre. Voilà d'abord le principal obftacle furmonté ; il ne s'agiffoit plus que de vaincre celui qui m'embarraffoit le plus. Je ne voulois pas abfolument que Ferdinande fût connue dans Bruxelles pour ce qu'elle étoit. Il étoit donc queftion qu'elle reprît les habits de fon fexe, afin de recevoir la bénédiction nuptiale, fans que notre cocher s'en apperçût. Il n'eft pas poffible de compter fur la difcrétion d'un homme de cette étoffe, quelque cher qu'on puiffe l'acheter. L'amour, fécond en expédiens, m'en infpira un, qui nous parut le plus conforme à mon deffein. Je m'étois muni de toutes les nipes néceffaires à ma cousine pour reprendre son état de fille, & je les avois renfermées dans un porte-manteau, qui en route & à l'auberge n'étoit pas sorti de dessous mes yeux. Voici comment je m'y pris.

Arrivant à Bourgklone, nous descendîmes dans un cabaret assez voisin de la maison du Curé, & y ayant laissé Ferdinande, nous allâmes, mon hôte, mon bienfaicteur & moi, rendre visite à ce bon Prêtre, qui sous les auspices de son père nous reçut fort gracieusement. Je lui dis, qu'une Demoiselle de condition, qui n'avoit ni père ni mère, & avec qui j'avois été en certaine liaison, se voyant deshonorée pour ainsi dire dans sa Province, m'étoit venue joindre à Bruxelles, dans l'espérance que je l'épouserois, comme je le lui avois promis. Je suis homme d'honneur, repris-je, Monsieur, & je veux, à quelque prix que ce soit, lui en donner des preuves en lui tenant parole.

Elle a eu la prudence, continuai-je, de déguiser son sexe, pour que notre réunion se fît sans scandale. J'espère, Monsieur, que vous aurez la bonté de la terminer

miner en nous donnant la bénédiction nuptiale. Elle attend à l'auberge, où nous l'avons laissée, une réponse favorable de votre part à ses vœux légitimes. Ses espérances sont fondées sur votre caractère bienfaisant & sur vos lumières, qui ne peuvent manquer de vous inspirer à remettre dans la bonne voie ceux qui s'en sont égarés.

Le père appuyant de ses sollicitations le discours pressant que je venois de faire, le fils se laissa persuader. Il me répondit, *à tout pécheur miséricorde ; je consens,* dit-il, *à finir le scandale en vous recevant au Sacrement ; faites venir votre promise, & nous finirons cette affaire.* Mais, lui dis-je, Mr. le Curé, il faut que vous étendiez votre bonté jusqu'à permettre qu'elle vienne ici en habit d'homme, pour y reprendre les habits de son sexe que j'ai fait apporter dans notre carrosse. *Faites-là venir seulement*, me repliqua-t'il ; *l'habit ne fait pas le Moine. Quelque travestie qu'elle soit, je connoîtrai bien si elle est du genre féminin.*

J'eus un vrai plaisir de me voir délivré de cet embarras ; mais je n'aurois jamais prévu l'expédient dont se servit le Curé

Tome III. F

pour distinguer les sexes. Cependant mon bienfacteur s'empressa d'aller chercher Ferdinande, qu'il informa de l'heureuse issue de notre visite. Dès qu'elle parut, je juge déjà par son beau teint que ce n'est point un garçon, me dit le Curé, & qu'elle est même belle fille: mais ce n'est pas assez pour exclure de mon esprit *omnem dubitandi formidinem* : il me reste, ajouta-t'il, une autre petite épreuve à faire, pour fonder ma certitude.

Elle entra dans la chambre où nous étions; le Curé la fit asseoir, & après lui avoir fait quelques politesses pédantesques, il la pria de se lever pour procéder à son examen. Ne soyez point scandalisés, nous-dit-il, mes amis; je vais faire les choses *cum moderamine inculpatæ curiositatis*. Il pria aussi-tôt Ferdinande de lever autant qu'elle pourroit les yeux au plafond de la chambre, pour lui faire étendre le cou. Elle le fit, & aussi-tôt le bon Prêtre s'écria : Bon, voici une des preuves que je cherche, elle n'a point le signe des mâles, je veux dire le quartier de pomme qui demeura & s'attacha au gosier d'Adam, lorsqu'il mangea ce fruit à la sollicitation de sa femme. Tous les hommes l'ont hérité de ce malheureux grand-père, mais jamais femme ne l'a eu. Ce n'est qu'au genre masculin que ce morceau funeste & ignominieux se communique par la voie de la génération, & qu'il lui reste attaché au gosier d'une manière à ne pouvoir le cacher.

Notre hôte, mon bienfaiteur & moi, nous tendîmes aussi-tôt & sans réflexion le cou comme des grues ; & nous étant entre-regardés, nous fimes un éclat de rire, qui fit perdre le sérieux au Curé. Ferdinande ne pouvant garder sa gravité, ne put s'empêcher d'éclater aussi-bien que nous. Le Curé reprenant son sérieux ; à l'autre preuve, dit-il, qui me suffira pour confirmer celle-ci. Il prit un tapis qu'il étendit sur le plancher, & après m'y avoir fait coucher sur le dos, il pria son père & mon bienfaiteur d'aider Ferdinande à s'y coucher auprès de moi & dans la même attitude. Nous n'y eûmes pas demeuré deux minutes, qu'il nous fit lever. En voilà autant qu'il en faut, nous dit-il, elle est réellement femelle, ajouta-t'il ; & vous, s'adressant à moi, vous êtes un mâle. Elle est garnie des coussinets de nature *à parte ante & à parte post*. Monsieur, parlant encore de moi, n'en est point pourvu; car la nature *nihil agit frustra*, mais aussi *non deficit in necessariis*. Il nous fit ensuite un discours physique de sa façon, où il s'étendit beaucoup sur les caractères qui distinguent l'homme de la femme, indépendamment de l'essentiel.

C'est une des plus plaisantes scènes que j'aie eue de ma vie. Mon inconnu, sage au possible, étoit dans une admiration aussi profonde que s'il eût été spectateur du plus surprenant phénomène de la nature. Pour Ferdinande, elle pensa étouffer de rire. Elle eut toutes les peines du monde à rappeller son sérieux pendant les cérémonies de notre mariage.

Le Curé les célébra sur le champ dans sa chambre; il les fit précéder d'une exhortation sur l'institution du mariage, & il les finit par une autre sur l'usage légitime que nous en devions faire. Voilà qui est fait, nous dit-il en finissant; & m'embrassant, il ajouta que nous étions aussi-bien mariés qu'Adam & Eve. Est-ce parce que nous ne faisons plus qu'un mon époux &

moi, dit Ferdinande au Curé, que vous avez cru me baiser en la baisant ? Non, ce n'est point en ce sens que nous ne faisons qu'une même personne; & l'ayant accosté, elle lui donna plus de trente baisers à droite & à gauche, tournant la tête du pauvre Curé, qu'elle avoit saisie de ses deux mains, comme celle d'une Pagode. Ha! dit le Curé sortant des mains de Ferdinande, je n'ai tant baisé de ma vie, la tête m'en tourne. Et à moi, riposta Ferdinande, les coussinets en tremblent. Les éclats de rire que nous excita cette repartie finirent la scène, & se bornèrent enfin à nous mettre en belle humeur.

Mon bienfaiteur, toujours généreux, joignit le Curé sans m'avoir prévenu, & lui mit dix louis dans la main. J'ai appris ensuite de son père, que cette somme faisoit au moins la quatrième partie de son revenu. Le temps s'étoit écoulé insensiblement, & l'heure du souper approchoit. Ce bon Curé me parut si galant-homme, que je le priai de nous prêter sa table pour souper. Il m'entendit à demi-mot, & accepta de bonne grace ma proposition. Je m'en allai au plus vîte à l'auberge, &

j'y fis préparer un meilleur souper que je n'aurois osé espérer dans un petit lieu comme Borgklone. Il nous fut servi chez le Curé, qui s'étant mis en train nous fit passer la nuit à table. Ferdinande, qui étoit au comble de la joie, chanta plusieurs chansons assez libres, dont le Curé voulut avoir des copies. Elle se fit un vrai plaisir de les lui donner le lendemain avant notre départ.

Nous prîmes congé, & il nous souhaita mille bénédictions, nous priant bien de le voir si nous passions quelque jour de ce côté-là. Nous lui en donnâmes parole, & nous partîmes pour Bruxelles, où nous arrivâmes à la brune. Mon épouse pria de si bonne grace mon bienfaiteur de nous accorder la soirée, que nous eûmes le plaisir de le posséder jusqu'à minuit, beaucoup au-delà de son ordinaire; car il m'assura, quand je l'accompagnai à son appartement, qu'il y avoit plus de trente ans qu'il n'en avoit tant fait, & qu'il étoit ordinairement couché à neuf heures en toute saison. Je me félicitois de son excès, qui me procuroit la connoissance de son logis, que j'avois ignoré jusqu'alors.

De retour auprès de Ferdinande, je me jetai à ses genoux, la priant de me dire ingénument si elle pensoit que je pusse lui donner encore quelque preuve de mon amour. Eh ! pourriez-vous, dit-elle, en trouver à me donner ? Non, non, reprit-elle, mon cher cousin, je n'ai plus rien à desirer ; la mort se présentera quand il lui plaira ; contente de mon sort, je la recevrai sans nulle peine. Quelle vienne donc le plus tard qu'il est possible, lui dis-je, pour ne pas rompre notre tendre union, qui devroit être éternelle.

Objet des bontés de mon bienfaiteur, & uniquement aimé de ma propre épouse, je passois la vie avec une douceur inespérée, qui m'indemnisoit agréablement de toutes les espérances que j'avois en France ; & d'autant plus, qu'ayant appris la mort du Duc d'Orléans, je me consolai bien vite de la perte des faveurs que j'en attendois, & dont, selon les apparences, je n'aurois jamais joui. La mort imprévue qui l'enleva, ne lui eut pas donné le temps de me placer. Ma chère Ferdinande me tenoit lieu de la plus puissante & de la plus affectionnée protection de tous les Grands de la terre. Je lui proposai un jour de reprendre l'habit de son sexe, puisque nous n'avions plus de mesure à garder; mais m'ayant prié de ne la point presser sur cet article, je ne lui en parlai pas davantage; je me contentai de lui représenter l'embarras où nous nous trouverions, si notre mariage venoit à nous produire du fruit. Hé bien, dit-elle, en ce cas là je vous avertirai d'assez bonne heure, pour que vous ayez le temps de m'éloigner de cette ville, & de me placer en quelque lieu où vous & moi ne soyons connus de personne, & j'y pourrai revenir sur le même pied que j'y suis. Je me trouve bien dans mon déguisement, ajouta-t'elle, il favorise l'envie que j'ai de ne plaire qu'à vous seul; car sous l'habit que je porte, qui est le Cavalier qui s'avisera de donner quelque assaut à ma fidélité ? Laissez-moi donc dans l'état où je suis, reprit-elle; mon amour en sera plus pur, & votre tranquillité à l'abri de toute inquiétude.

Quelques jours après notre mariage, mon inconnu vint nous voir à l'heure du dîner, & me fit le plaisir de se prier à manger la soupe avec nous. Il ne nous entretint pendant la table, que de la défiance qu'on devoit avoir du monde entier & de soi-même. Vous pouvez compter, dit-il, que l'intérêt est le premier mobile des hommes; il ne faut point passer avec eux les bornes que nous assignent les loix de la politesse & de la société civile. Il nous dit plusieurs autres choses de cette nature, dont il nous donna des preuves sensibles. Un moment avant de quitter la table, il adressa la parole à mon épouse, que j'ose dire avoir été l'objet de son estime & de son amitié. Je suis charmé, lui dit-il, Madame, de vous voir dans l'heureux état auquel vous aspiriez. Le Ciel veuille en prolonger la durée autant que vous pouvez le souhaiter; je serois charmé qu'il m'eût choisi pour contribuer à votre satisfaction.

Mon épouse, qui avoit pour lui une estime toute particulière, lui répondit avec des sentimens de la plus vive reconnoissance. Elle le remercia avec des graces infinies de tous les bienfaits que j'avois reçus de lui, & qu'elle avoit partagés avec moi. Elle auroit continué sur ce ton, lorsqu'il l'interrompit, pour la prier de ménager son cœur, qui se reprochoit de ne pouvoir se satisfaire ; & tirant une bourse de sa poche, c'est à vous, Madame, que je fais ce présent, dit-il en la lui présentant ; le motif qui me conduit est désintéressé ; je ne bute qu'à m'assurer votre estime au même degré que vous me l'avez déjà témoignée. Nous lui répondîmes d'une voix, mon épouse & moi, que nous le regardions avec raison comme un père tendre & bienfaisant, que le Ciel nous procuroit en sa personne.

Après qu'il fut sorti, nous ouvrîmes la bourse, où nous trouvâmes deux cens ducats. Ces présens qui étoient assez fréquens, nous jetoient dans un étonnement dont nous ne pouvions revenir. Que penser en effet du bon cœur de cet Etranger, & des libéralités par lesquelles il nous en donnoit de si généreuses marques ? Nous donnâmes, elle & moi, l'essor à nos idées, mais nous n'en pûmes jamais fixer aucune. Nous résolûmes donc d'imposer silence à notre curiosité ; & de jouir tranquillement des bienfaits reçus. Nous prîmes certainement le bon parti ; car à quoi bon nous casser la tête pour découvrir une source, dont le ruisseau nous étoit si utile ? Nous nous contentâmes d'en faire un usage gracieux. Nous nous mîmes en nippes & en bijoux, pour avoir une ressource en cas que cette source précieuse vint à tarir. C'étoit là le seul objet de notre inquiétude ; mais elle n'étoit pas capable de répandre de l'amertume dans nos plaisirs. Nous les goûtions dans toute leur étendue, sans nous embarrasser ni de leur durée, ni des peines que le destin pouvoit nous préparer. L'Abbé que j'aimois véritablement, & pour qui mon épouse avoit une véritable considération, les partageoit assez souvent ; & nous nous trouvions, mon épouse, lui & moi, dans des parties de campagne, de promenade & de jeu, qu'il avoit soin de lier pour nous faire passer la vie agréablement. O l'heureux temps ! Hé ! à qui dois-je m'en prendre qu'à moi seul, s'il n'a pas été d'aussi longue durée que je l'espérois ?

L'Abbé m'avoit faufilé avec un Gentilhomme de ses amis, avec qui nous allions de temps en temps souper chez un fameux Traiteur. Mon épouse y venoit quelquefois, mais le plus souvent elle refusoit la partie; la compagnie de la fille de notre hôtesse l'amusoit beaucoup mieux; elle la préféroit à nos parties où elle s'ennuyoit, parce qu'on la sollicitoit à boire, elle qui ne buvoit jamais de vin sans eau, & qui en buvoit même très-peu.

Un jour que je donnai à souper à l'Abbé & à ce Gentilhomme, notre ami commun, j'eus le malheur de me rendre indigne des faveurs de mon Inconnu. Le vin est capable de jeter dans les plus grandes folies le plus sage des hommes. J'en fis, pour mon malheur, & je l'avoue à ma confusion, la fatale expérience. Vers la fin du souper, où nous avions bu copieusement, le Cavalier de notre compagnie témoigna beaucoup de surprise de me voir dans un état brillant, malgré l'aveu que je lui avois fait plusieurs fois en présence de l'Abbé & du Baron de Broc.... que j'obtiendrois plutôt trente ruades du cheval de bronze du Pont-Neuf, qu'une lettre de change de vingt pistoles de mon pays. Comment diable faites-vous ? me dit-il. Vous vous entretenez noblement dans Bruxelles, votre cousin & vous: à la figure que vous faites, on diroit que vous avez une mine intarrissable d'or & d'argent.

Un certain air fanfaron que j'avois perdu depuis mes malheurs me saisissant dans ce moment, je lui répondis que j'en étois surpris moi-même. L'argent ne me manque pas, repris-je : un ruisseau, dont je ne connois pas la source, m'en fournit non-seulement au-delà de mes besoins, mais même beaucoup au-dessus de mes desirs : je ne sais si c'est d'un homme ou d'un diable que je le reçois ; mais mille, deux mille louis & plus, me seroient faciles à trouver en un quart d'heure. Pour moi, dit l'Abbé, malgré mon étonnement, je n'ai jamais voulu toucher cette corde : content de trouver de l'argent dans votre bourse, je me suis fort peu embarrassé d'où il vous vient.

Parbieu, Messieurs, leur dis-je plein de vin, vous en trouverez toujours chez moi à votre service ! je ne crois pas devoir vous en faire un mystère ; mais je puis vous dire que j'ai un petit bout d'homme que l'enfer a suscité pour me faire du bien ; car le Ciel qui fut toujours d'airain & de bronze à mon égard, ne s'avise certainement pas de penser à mes besoins. Ce petit diable est très-humain, il m'aime, & je fais devant lui le chien couchant. Il m'ordonne de faire usage de ses bienfaits, & de me divertir, sans rien épargner. Je m'aime trop pour lui désobéir ; à ce prix-là je lui serai toujours soumis. Le Cavalier qui avoit de hautes idées de la Pierre Philosophale, dit que ce pourroit bien être un des Adeptes, dont il paroissoit fort peu dans le monde, quoique selon lui il y en eût plus qu'on ne pensoit. L'Abbé qui traitoit cette science de chimère, repartit qu'il croiroit plutôt que c'étoit quelque Faux-Monnoyeur, qui étoit assez prudent pour ne pas s'exposer à la sévérité des Loix.

Ne fus-je pas assez ingrat & assez fou de pencher pour le sentiment de l'Abbé ? J'enchéris sur lui, & je me proposai d'examiner mon homme de si près, que je découvrirois le métier qu'il faisoit. Allons, dis-je, Messieurs, buvons à sa santé. Ayant rempli nos verres, nous les vuidâmes ; l'un à la santé du bon Philosophe, l'autre à la santé du libéral Faux-Monnoyeur, & moi je bus à la santé du plus bienfaisant de tous les diables. De quelle rage ne

du Chevalier de Ravanne. 119

fus-je point faifi dans ce fatal moment ? Quelle ingratitude, grands Dieux ! je devois du moins confulter mes intérêts, puifque j'avois le cœur affez mauvais pour dénigrer mon aimable bienfaiteur !

Mais je pouffai la perfidie bien plus loin; elle alla jufqu'à me faire promettre à mes deux amis de le leur faire connoître. Le Ciel qui l'aimoit fans doute, & qui vouloit me punir, me mit dans l'impuiffance de tenir ma parole. Je trouvai mon homme le lendemain au Café, où il s'étoit arrêté plus long-temps qu'à l'ordinaire ; je l'accoftai comme de coutume, & je lui demandai comment il fe portoit. Il me répondit que malgré fes ennemis cachés qui penfoient à le perdre, il fe portoit parfaitement bien. Il me donnoit une trop belle occafion de lui témoigner ma reconnoiffance, pour que je ne la faififfe pas ; je lui offris mes fervices jufqu'à la dernière goutte de mon fang. Il me répondit, qu'il ne prétendoit pas qu'il m'en coûtât fi cher pour le venger. Voulez-vous bien fortir avec moi, ajouta-t'il, & je vous dirai de quoi il eft queftion.

Je le fuivis jufqu'au parc, où nous arrivâmes sans nous être dit un seul mot. Au premier tour que nous fîmes sur une pelouse où nous étions sans témoins, il me demanda où j'avois soupé la veille. Je lui avouai ingénument que j'avois donné à souper à deux amis chez le fameux Traiteur. Je le sais, reprit-il, & même vous leur avez servi un dessert à mes dépens. Un coup de foudre ne m'auroit pas rendu plus immobile : mon attitude eût été suffisante pour le persuader de ma perfidie, quand même il n'en auroit pas eu des preuves sensibles. Revenu de mon étonnement, je le priai de s'expliquer, pour qu'il me donnât le temps de trouver le moyen de pallier mon lâche procédé. Il entra en matière, & me raconta de fil en aiguille l'entretien que nous avions eu à table mes deux amis & moi. Si c'étoit, dit-il, un rapport qu'on m'en eût fait, j'aurois lieu de le croire fort infidèle ; mais ayant tout entendu de mes propres oreilles, je ne suis que trop convaincu de votre indiscrétion, & de quelque chose de plus: je me persuade bien, ajouta-t'il, que le vin avoit en ce moment répandu des nuages dans votre esprit, & suspendu les justes mouvemens de votre cœur: mais de quelque principe que procède votre imprudence, j'en aurois encore plus de demeurer exposé aux traits des langues pernicieuses & des esprits mal tournés. Le Ciel, reprit-il, m'a fait la grace de me pourvoir d'un discernement, dont je suis aveuglément les inspirations: je me rendrois indigne de ses faveurs, si je n'en faisois point usage: il n'est pas naturel que je cesse d'être sage, parce que vous êtes indiscret: je vous souhaite de meilleurs amis que moi; & me présentant une bourse: voilà, dit-il encore une preuve de mon affection; & j'en dois avoir assez pour moi-même, afin de pourvoir à ma sûreté.

Je me jetai à ses genoux, plus consterné que si je venois d'entendre mon arrêt de mort. Je le conjurai en termes des plus touchans, de me pardonner ma faute, que je traitai du plus noir de tous les crimes. Il n'est ni soumission, ni protestation que je ne lui fisse. Mais mon repentir, tout amer & sincère qu'il étoit, fut inutile, il me quitta pour ne me jamais plus rejoindre. Je m'en fus sans délai à son logis ; il n'y étoit point, & j'appris de son hôte qu'il l'avoit payé le matin à son lever ; & qu'il étoit parti, disant qu'il avoit à faire un voyage qui étoit pour lui de la dernière conséquence. J'eus beau questionner ce Bourgeois, je n'en pûs rien apprendre ; il ne savoit rien de toutes les affaires de son logeur ; il ne le connoissoit point du tout, & il en ignoroit jusqu'au nom.

Cette démarche inutile ne me rebuta point ; je m'imaginai pouvoir découvrir quelque chose de ce que je desirois savoir, chez le Traiteur où mon bienfaiteur m'avoit entendu parler de lui d'une manière peu conforme à la reconnoissance que je lui devois. J'y allai du même pas, & l'ayant pris en particulier, je lui fis le portrait de l'homme que je cherchois, & lui demandai s'il ne le connoissoit pas. Il me répondit, qu'il ne connoissoit que sa personne, sans en savoir même le nom, & qu'il n'en savoit pas davantage. Il vient, ajouta-t'il, souper chez moi presque tous les soirs, & j'ai soin de lui préparer un petit morceau délicat, & de lui donner de bon vin. Il soupa encore ici hier ; il

mange ordinairement dans un cabinet joignant la chambre où je vous fers quelquefois ; il me paie généreufement ; c'eſt
tout ce que j'en fais, conclut-il, & je
n'en demande pas davantage.

Je quittai le Traiteur pour aller examiner la chambre où j'avois foupé la veille,
& le cabinet d'où mon bienfaiteur avoit
entendu toute notre maudite converfation.
Il ne me fut pas mal-aifé de comprendre
qu'il lui avoit été facile d'entendre tout
ce que nous avions dit. Le cabinet n'étoit
féparé de la chambre que par une cloifon
de groffe toile clouée fur un chaffis ; &
je maudis mille fois le moment que j'é-
tois entré dans cette fatale maifon. C'é-
toit pourtant à moi feul que je devois attribuer la perte que je faifois d'un fi généreux bienfaiteur.

L'heure du dîner me ramenant au logis,
j'y parus fort abattu aux yeux de ma tendre époufe. Elle en fut alarmée, & m'en
demanda la caufe. Je rejetai ma trifteffe
fur un mal de tête qui m'avoit pris en
fortant du parc avec notre père, c'eſt
infi que nous le nommions entre nous ;
je lui remis la bourfe que j'en avois re-

çue, où nous trouvâmes cent ducats. Elle fût que je lui difois vrai, & nous nous mimes à table fans qu'il me fût poffible de manger, malgré les efforts que je fis pour lui cacher, du moins pendant quelque temps, le fujet de mon chagrin. J'efpérois retrouver notre bienfaicteur lorfque j'y penferois le moins; je le croyois affez prévenu en ma faveur & pour mon époufe, pour ofer me flatter que fon jufte courroux ne feroit pas de longue durée. Mais hélas! il fut trop fage pour feconder mes efpérances, je le perdis pour toujours. Son départ mit tous mes plaifirs au tombeau, & donna naiffance à l'affreufe mifère, qui, felon les apparences, ne finira qu'avec mes malheureux jours.

Cependant le temps avoit paffé l'éponge fur mon chagrin, & mes réflexions m'avoient fait vouloir de bonne grace ce que je ne pouvois empêcher, lorfqu'il m'en caufa un bien plus cuifant, par la maladie de mon époufe. J'eus d'abord un preffentiment qu'elle me l'enlèveroit, ce qui ne fut que trop vrai. D'ailleurs le chagrin qui la faifit, ne voyant plus notre père, & l'aveu que je lui fis qu'il avoit itté Bruxelles, augmenta si fort sa fièvre, qu'en moins d'un mois elle mourut, & me laissa dans un regret mortel d'une si cruelle séparation.

Bruxelles, où j'avois passé deux ans avec toute sorte d'agrémens, cette belle ville qui m'avoit indemnisé de tout ce que j'avois perdu en France, me devint insupportable. L'Abbé qui étoit homme à se consoler de tout eut beau me débiter sa philosophie ; quelque conforme qu'elle fût à ma raison, j'en trouvai la pratique au-dessus de mes forces. Il me quittoit peu, & il tâchoit de me procurer des occasions à me distraire de ma douleur : mais j'avois perdu le goût pour le plaisir ; toutes les compagnies m'ennuyoient ; la promenade, la campagne, le spectacle, le jeu me paroissoient affreux; la solitude même, quoique propre à nourrir mon chagrin, m'étoit à charge ; je n'étois jamais bien dans un endroit quel qu'il fût, & je me trouvois encore plus mal dans un autre où j'espérois être mieux ; la vie, en un mot, m'étoit à charge, & je ne sais si c'est par lâcheté ou par force d'esprit que je ne me donnai pas la mort.

Prévoyant bien que je ne sortirois point de cet état tandis que je continuerois de faire mon séjour à Bruxelles, je pensai à quitter ce pays. N'en connoissant aucun par ma propre expérience, l'Angleterre fut le premier qui me vint dans l'idée. Je la suivis avec ardeur; & sans prendre congé que du seul Abbé de Carraccioli, je partis, prenant la route d'Anvers pour me rendre à Rotterdam, & m'y embarquai pour Londres. C'est la route que me donna l'Abbé; je n'en avois point d'autre à prendre, à moins de gagner Ostende. Celle de Calais & de Dunkerque m'étoit absolument fermée. De toutes mes nippes, je n'avois pris que celles qui m'étoient absolument nécessaires; le reste fut vendu. Je fis présent à la fille de mon hôtesse de toutes les hardes d'usage à son sexe. Elle fut la seule qui eût connoissance que mon prétendu cousin étoit une femme & mon épouse. Elle m'avoit gardé exactement le secret sur cet article, du moins jusqu'à mon départ. Je n'en souhaitois pas davantage; peu m'importoit qu'il fut divulgué après.

Je fis argent de tout, ne me réservant

que mon épée & ma canne, & je fis fort bien ; car si j'eusse attendu à être dans le besoin, j'en aurois retiré moitié moins. Il semble que les malheureux soient connus des Marchands, qui profitant de leur nécessité, donnent le prix à ce qu'ils ont à vendre. Telle est l'humanité de notre siècle. Lorsqu'un arbre est tombé, tout le monde court aux branches pour les écuisser, personne ne s'empresse à le relever.

Les tristes réflexions que je fis en route, furent d'autant plus cruelles, que je ne m'en prenois qu'à moi dans mon état malheureux. Je ne fis pas comme la plupart de ceux qui éprouvent mon sort, qui en accusent injustement la fortune, tandis qu'ils ne doivent l'attribuer qu'à leur mauvaise conduite. La mienne m'ouvrit un précipice affreux, où je glissai bientôt. L'argent que j'emportai du Pays-Bas fût bientôt dispersé, & n'ayant aucun talent pour en gagner, je fus réduit à un état déplorable.

J'arrivai à Rotterdam, où je n'étois connu de personne. Il est vrai que je m'en souciois peu, parce que je n'avois pas résolu de m'y arrêter ; mais étant allé loger à l'enseigne de l'Horloge, j'y trouvai le Baron de Poln..... jeune Seigneur Prussien, qui attendoit le départ d'une Chaloupe Angloise pour faire le même trajet, que moi. Il étoit gracieux & poli, & ayant appris à table que je passois à Londres, il me témoigna un vrai plaisir d'avoir ma compagnie. Je répondis comme je devois à toutes ses politesses ; nous liâmes ensemble une certaine amitié, que je croyois pouvoir m'être de quelque utilité à Londres, où il étoit connu de quantité de Seigneurs.

Il m'avoua à notre arrivée en Angleterre, qu'il étoit sans argent. Il étoit assez bien mis, mais il portoit sur son corps tout ce qu'il avoit, à quelques chemises près. La fortune lui faisoit alors éprouver ses rigueurs, comme si pour le combler des faveurs dont il jouit à la Cour de son Souverain, elle eût voulu les lui faire mériter par la patience & par la grandeur d'ame avec laquelle il a supporté ses revers. Où allez-vous loger ? me dit-il en débarquant. Ma foi, lui dis-je, je n'en fais rien : j'ai envie, ajoutai-je, de chercher un appartement dans un quartier
François,

François, pour me faire entendre & pour prendre langue. Et moi, me dit-il à son tour, je vais payer d'audace. Quoique je sois sans argent, je vais me loger dans le quartier le plus peuplé de Noblesse, assez près du Palais; j'y prendrai un magnifique appartement payable par mois; j'aurai toujours ce temps-là devant moi pour me remuer, & faire des connoissances utiles. Je lui souhaitai l'heureuse issue de ses desseins, & je le quittai pour aller chercher une chambre. Le garçon qui portoit mon porte-manteau, & qui entendoit assez le François pour me comprendre, me conduisit selon mes desirs dans le quartier des Grecs, presque tout François. Passant devant un Café, le Sr. Fa.... Médecin François qui en sortoit, m'ayant reconnu pour François nouvellement débarqué: Monsieur est étranger, me dit-il, & je comprends qu'il cherche un logement. Je lui répondis qu'il avoit rencontré juste, & que s'il vouloit m'en procurer un, il me rendroit un grand service. J'étois en effet très-fatigué de mon trajet, la mer ayant été presque toujours orageuse. Il se prêta à mes desirs & à mes besoins de la meilleure grace du monde. Je n'eus pas fait cent pas avec lui, que je fus parfaitement bien logé & à bon marché, dans une maison de sa connoissance, où il me recommanda comme s'il m'avoit connu le plus particuliérement du monde.

Mon hôtesse, qui étoit une veuve Françoise d'un âge avancé, sans être décrépite, avoit une fille de vingt ans, ou environ, qui n'étoit ni jolie ni laide, mais dont l'esprit, le cœur, & les manières l'indemnisoient bien de la beauté. Le Médecin fit d'abord pourvoir à mon repos; on me fit un lit, & il me dit adieu, en me souhaitant une nuit tranquille. Je me couchai aussi-tôt, & je ne fis qu'un sommeil profond depuis les six heures du soir jusqu'à neuf heures du lendemain matin.

Mon hôtesse vint me dire à mon lever, que le Médecin m'attendoit à prendre du chocolat chez lui. Cela me fit d'autant plus de plaisir, que j'espérois recevoir de ce Docteur officieux des avis sur la conduite que je devois tenir dans un Pays dont les loix & les manières m'étoient tout-à-fait étrangères. Il est certain que de tous les Pays de l'Europe, c'est l'unique qui soit si fort isolé de tous les autres en ce genre. Que l'on sorte de France, par exemple, avant d'arriver à ses frontières, on commence à trouver des manières & des usages qui se mêlent avec ceux du Pays limitrophe ; & ils ne se perdent insensiblement, que quand on est presqu'au centre du Pays étranger où l'on va. Mais il n'en est pas de même de l'Angleterre. Quoique cette Isle ne soit séparée de la France que par un bras de mer de sept lieues, les loix, les manières, la langue, & les usages François se perdent absolument dans le trajet. Il faut, pour ainsi dire, les oublier à Calais, pour en prendre de nouveaux à Douvres.

Je me fis conduire chez le Médecin, qui demeuroit à cinq ou six maisons de celle où il m'avoit logé. La femme m'y reçut avec la même cordialité que son mari ; on m'y caressa ; on m'y donna des avis dont je profitai. Je m'y tirai d'affaires pendant quelques mois ; mais la fortune, jalouse de voir que j'allois me procurer une situation tranquille, rompit toutes mes mesures ; & la punition que le Ciel prit de mes anciennes débauches, me rendit

G ij

l'objet du monde le plus déplorable.

M'imaginant que le Baron de Poln....! feroit quelque jour en état de me rendre fervice, je le voyois prefque tous les matins à fon lever; c'étoit le feul moment de la journée où on le trouvoit chez lui: il donnoit tous les autres au deffein qu'il avoit de fe faufiler avec les Seigneurs Anglois, qui font d'un affez facile accès, quand on eft fait & mis d'une certaine façon. Il y réuffit. Ayant appris qu'il fe trouvoit tous les foirs aux Armes du Roi & à la Tête du Duc de Richemont, qui font deux fameufes Auberges, un grand nombre de Ducs & de Milords, il s'y procura l'entrée. Son nom & fa maifon étoient connus de tous les Seigneurs de la Cour; il ne lui fut pas difficile d'y être bien reçu. L'hiftoire qu'il leur fit de fa difgrace, de fon Prince, & de fa Cour, les toucha. Il en obtint des fecours fuffifans pour foutenir l'effor qu'il avoit pris à fon arrivée à Londres.

Courtifan outré, il me repaiffoit d'efpérances; mais ce n'étoit que de la fumée & de l'eau bénite de Cour. De mille bons offices qu'il pouvoit me rendre, je ne pus jamais en obtenir un. Il ne lui étoit rien de si aisé que de me procurer quelque place sortable chez quelqu'un des Seigneurs qu'il fréquentoit. Je compris bientôt qu'il n'étoit bon que pour lui seul. J'ai connu cent personnes à qui il a des obligations essentielles, dont il n'a jamais eu la moindre reconnoissance depuis qu'il est rétabli dans ses biens & à la Cour de son Prince, dont il est aimé. Croiroit-il se déshonorer, en satisfaisant tous ceux à qui il est redevable ? Ne pourroit-il pas, au contraire, se faire un vrai mérite de regarder du degré d'élévation où il est, les petits d'Angleterre, de Hollande, de Bruxelles, de Liége, & d'ailleurs, qui sont tombés dans l'indigence, & à la ruine desquels il a contribué ? Et ne devroit-il pas également contribuer à réparer leurs pertes, en réparant au moins par principe de justice, s'il ne le fait pas par générosité, les pertes qu'il leur a causées ? On lit son nom dans les livres de quantité de misérables Aubergistes, qui sont réduits à la mendicité ; il est couché sur les tablettes de beaucoup de particuliers officieux qui lui ont fait plaisir. Ne se feroit-il pas honneur, s'il effaçoit ces monumens de sa misère passée, avec l'encre dorée dont il a le cornet plein ? Mais c'est parler aux rochers, que de lui renouveller la mémoire du temps passé, qui pourroit l'humilier dans son élévation.

Toutes ses belles promesses aboutirent à me proposer de travailler à l'Histoire du Comte de Konismarck, sur les Mémoires secrets qu'il offroit de me fournir. Il me les mit effectivement en main. Je les examinai, & je le remerciai de l'occupation qu'il vouloit me donner. Il eut beau me tenter par des espérances d'un profit considérable que produiroit cet Ouvrage, qu'il avoit dessein de faire imprimer par souscription, je ne me laissai pas séduire. Cette corde étoit trop délicate, pour que j'eusse l'imprudence de la toucher. Voyant donc que je perdois mon temps en le fréquentant, je cherchai à l'employer mieux.

Cependant ma bourse désenfloit furieusement. Il est vrai que j'y fis une vilaine brêche, en m'avisant de prendre réjouissance dans un Boulingrin hors de la ville de Londres, où il y avoit une grosse partie de Lansquenet. Il ne me resta pour tout bien que dix ducats. Je commençai alors, mais trop tard, à vivre d'économie. La gargotte fut ma ressource. C'est-là où je fis connoissance avec une troupe de malheureux, parmi lesquels étoit un certain nombre d'imposteurs.

Je vis un jeune homme très-bien tourné, & dont l'éducation & les manières ne répondoient pas mal à la naissance & au nom qu'il se donnoit. Il se disoit de la Maison de Créqui : & quoiqu'elle fût dès lors tombée en quenouille, il avoit eu le talent d'en imposer aux Seigneurs de la Cour, & à la Duchesse de Kendale, qui lui avoit accordé sa protection. Il mit à profit tout le temps que dura cette erreur. Le Duc de Mont.... qui étoit charmé de sa compagnie, le mettoit de toutes ses parties de plaisir ; & soit à la ville ou à la campagne, il lui procuroit par-tout des agrémens qu'un honnête-homme n'eut osé espérer. Ce jeune homme, qui étoit d'un fort joli minois, n'étoit pas moins bien venu chez les Dames. La Duchesse de Kendale eut même la bonté de le présenter au

Roi, qui à sa considération le regarda d'un œil favorable.

Les appartemens du Palais de St. James lui étoient gracieusement ouverts; & je ne doute pas qu'il ne se fût maintenu dans cette gracieuse situation, si le préjugé favorable où il avoit mis le Duc de Mont.... eût été de plus longue durée. On lui fit faire attention au peu de fondement qu'il y avoit à croire que ce jeune homme fût de la Maison de Créqui, dont la tige mâle s'étoit éteinte avec la vie du dernier, qui avoit été tué en Italie, au commencement de ce siècle. Il revint de son erreur, ou du moins il commença à soupçonner qu'il étoit la dupe de sa générosité précipitée; & pour sortir sans éclat du doute où il étoit, il prit un jour le prétendu Créqui en particulier, pour lui décharger son cœur. Qui que vous puissiez être, lui dit-il, avouez-moi franchement qui vous êtes. Si votre naissance est telle que vous me l'avez fait accroire, & que vous m'en donniez une simple preuve, la fortune vous eût-elle encore plus maltraité, je vous dédommagerai de la perte de ses faveurs. Si vous êtes tout autre chose, parlez-moi avec fincérité, & fachant alors diftinguer le mérite perfonnel, d'avec celui du fang, je vous ferai du bien, & je vous rendrai fervice.

La générofité du Duc ne le toucha point; il avoit pourtant beau jeu, & il pouvoit aifément fe conferver la bienveillance d'un fi grand Seigneur: mais un affreux aveuglement le retint dans fon impudence. Il foutint toujours qu'il étoit tel qu'il s'étoit donné, & promit au Duc de lui en donner des preuves en moins de quinze jours.

Le Duc dans cette attente continua à le careffer. L'impofteur l'approchoit toujours avec la même affiduité; mais auffi-tôt que le temps de la promeffe fut échu, il difparut de l'Hôtel du Duc, & garda la chambre, où il fe faifoit porter à manger de la gargotte. On n'avoit befoin d'autre preuve que cette conduite pour juger qu'il n'étoit pas de la maifon dont il fe réclamoit. Cependant on fut informé de la vérité. Un Officier qui fervoit en France dans le Régiment de Béarn, & qui avoit été affez long-temps en garnifon à Valenciennes, le voyant un jour traverfer la rue où il logeoit, pour aller, à son ordinaire, passer la journée dans une maison vis-à-vis de son appartement, il le reconnut, & fut surpris de le voir si bien étoffé. Il en parla à Mr. de Broglio, alors Ambassadeur à Londres, en préfence de plusieurs Seigneurs de la Cour. Ils furent tous piqués d'avoir été la dupe de cet imposteur, & en firent leur rapport à la Duchesse de Kendale, qui en informa le Roi, George I, qui sans beaucoup de réflexion ayant cru qu'il étoit tel qu'on le lui présentoit, avoit également donné dans le panneau. Il en fut choqué; néanmoins, par un excès de bonté, il lui envoya cinquante guinées, avec ordre de sortir de la Grande-Bretagne en vingt-quatre heures. C'est ainsi que finit le personnage que joua le faux-Créqui sur le Théâtre de la Cour d'Angleterre. Cette aventure a si fort rebuté les Seigneurs Anglois, qu'ils sont devenus plus circonspects dans leurs générosités; ils n'accordent plus leur protection qu'à bonnes enseignes.

Il y avoit en ce temps-là dans Londres une quantité prodigieuse de gens de toute nation, du caractère du faux-Créqui qui fut reconnu par l'Officier François, nommé Petit-Bois, pour le fils du Commis des Vivres de la Citadelle de Valenciennes. Le Gouverneur de cette Forteresse l'avoit pris à cœur dès son enfance. Son minois & ses manières lui plurent; & comme il avoit deux enfans de son âge, il le fit élever avec eux. Il avoit également profité de cette belle éducation; aussi se présentoit il avec tous les agrémens qu'il faut avoir pour mériter le coup d'œil. Ce qui prouve que les belles manières donnent un grand relief à la qualité, & que l'éducation peut mener plus loin que le mérite de la naissance qui n'en est pas soutenue.

Je ne sais par quel hasard je me faufilai avec un autre Aventurier, dont l'imposture fit encore plus de bruit que celle dont je viens de parler. Il s'en faut bien que celui-ci eût les appas de l'autre, & j'ai souvent admiré comment on avoit pu s'y laisser surprendre. C'étoit un jeune homme, aussi épais d'esprit que de corps, & brutal comme un vrai cheval de carrosse. Quoique se disant le Chevalier de Coetlogon, & par conséquent d'une des plus illustres Maisons de Bretagne, il ne s'avi-

pas d'en impofer à la Cour. Les Marchands François de Londres furent les feuls objets de fes foins. De tous ceux qu'il entreprit de duper, il n'y en eut aucun qui ne fût fa dupe. Il fut malheureux que mon argent tirat à fa fin, fans quoi il ne m'auroit pas moins trompé que les autres. Cependant, malgré l'indigence où je me voyois tomber, je fus affez fot pour lui prêter deux louis, c'eft-à-dire, la moitié de mon bien. Le voyant traîner dans les boues des habits de velours & plufieurs autres brodés ou galonnés, & lui entendant me dire fans ceffe qu'il attendoit inceffamment des Lettres de change très-confidérables, dont il me faifoit les Lettres d'avis, j'efpérois qu'il feroit un jour ma reffource. Il avoit pris à Calais une femme fort jolie, qu'il a rendu très-malheureufe, après lui avoir mangé quinze à dix-huit mille francs, qui lui avoient été comptés le jour de fes noces. C'étoit la fille d'un nommé Grandcire, fameux Aubergifte de Calais. Elle étoit fi tendrement aimée de fes parens, que croyant faire fa fortune, ils la rendirent miférable.

Quant à cet aventurier, foi-difant Chevalier de Coetlogon, ce n'étoit qu'un Irlandois, fils d'un Chaudronnier de Cork. Il avoit été élevé à Nantes en Bretagne, où il avoit étudié à fond la Généalogie de la Maifon dont il prenoit le nom ; & c'eft par ce moyen que fe réclamant toujours d'une noble & nombreufe race, il furprit la bonne-foi & la générofité de bien du monde. Ne pouvant plus tenir dans Londres, il y laiffa fa femme & trois petits enfans qu'il en avoit, & il repaffa la mer, pour donner carrière à fon caractère aventurier, fous quelque autre figure.

Quelque befoin que j'euffe de mon argent, il fallut me confoler de ma perte. Je ne laiffois pas néanmoins de faire des réflexions fur le malheureux avenir auquel je touchois. J'en devins fi trifte, que ma bonne femme d'hôteffe s'en étant apperçue, fit tous fes efforts pour me rappeller à l'état où elle m'avoit vu à mon arrivée. Il eft certain qu'elle y réuffit. Soit que je m'imaginaffe pouvoir compter fur des fecours de fa part, ou que la voyant affectionnée pour moi, j'euffe conçu l'efpérance de devenir fon gendre, ma trifteffe disparut en peu de jours. Je commençai dès-lors à me rendre plus assidu auprès de sa fille. Elle ne recevoit pas mal mes soins. Mes espérances se fortifièrent ; la bonne mère me la confioit de bonne grace, & je la menois tous les Dimanches à la promenade hors de la ville. Mes manières, & les preuves d'amour que je lui donnois, ne lui déplaisoient pas.

L'Eté, & une bonne partie de l'Automne, avoient servi à serrer les nœuds de notre amour. Nous nous voyions à la veille de nous en donner réciproquement des preuves solemnelles, lorsqu'un fatal contre-temps gâta toutes mes affaires. J'avois été autrefois traité à Paris d'un mal, dont les symptômes commencèrent à reparoître. Voulant y mettre ordre de bonne-heure, aux dépens même de ma dernière chemise ; car n'ayant plus d'argent, je ne pouvois m'en prendre qu'à mes hardes, j'eus le malheur de m'adresser à un Chirurgien, à qui j'avois parlé trois ou quatre fois par hasard, sans le connoître. Ma confession l'instruisit à fond de la cause des symptômes qui paroissoient, & de ceux dont je me plaignois, & qui ne paroissoient point. Il me promit de me guérir sans me gêner, & sans même qu'on s'apperçut au logis que j'étois dans les remèdes.

Satisfait de la manière dont il m'offroit les bons offices, je l'en remerciai, après avoir eu la parole qu'il m'enverroit des remèdes au bout de deux jours qu'il avoit pris pour les préparer. Mais au lieu de cela, il trahit mon secret. Assez proche parent de mon hôtesse, & sachant que j'aimois sa fille, & que j'en étois aimé d'une façon qui conduisoit au mariage, il leur révéla mon mal. Elles en furent si effrayées, que non-seulement je fus débouté de mes espérances, mais qu'il me fallut encore déloger de sa maison.

Dans la situation désespérante où j'étois, il n'en falloit pas tant pour me causer le plus vif chagrin que j'eusse éprouvé de ma vie. Dans toutes les traverses que j'avois eues, l'argent du moins ne m'avoit pas manqué; mais celle-ci m'arriva, n'ayant pas un sol, & privé de la plus petite lueur d'espérance. J'eus d'abord recours au gracieux Docteur dont j'ai parlé, & chez qui je trouvois toujours quelque consolation à mes peines. Je lui avois déjà fait confidence de mes amours; il m'avoit même conseillé de les pousser jusqu'au dernier période. Le contraste que je venois de lui annoncer, le surprit & le toucha sensiblement. Il m'en témoigna son chagrin; mais ce n'étoit ni du bout des lèvres, ni par compliment. La pitié qu'il avoit des malheureux étoit efficace : & j'en connois plusieurs, l'un à présent Pasteur d'une Eglise Réformée; l'autre Marchand, assez bien dans ses affaires : celui-ci dans un emploi considérable; celui-là bien établi, qui ont tous trouvé sa table à leur service pendant des années entières, & qu'il a produits tant qu'il a pû, pour leur procurer des ressources. Il n'étoit pourtant pas des plus à son aise. Je ne sais s'il est mieux présentement; mais j'ose avancer, que s'il étoit dans le besoin, ceux mêmes qui ont éprouvé son bon cœur dans leur indigence, lui refuseroient des secours qu'ils pourroient lui donner sans s'incommoder.

C'est donc à ce cœur généreux que j'ai l'obligation de n'avoir pas couché sur le pavé. Il me logea chez une pauvre, mais honnête femme, qui avoit été nourrice de son fils ainé, qui n'avoit alors qu'environ trois ans. Elle me donna une espèce de grenier, encore je me trouvois très-heureux. Le chagrin qui me saisit, ne contribua pas peu aux prompts & grands progrès que fit mon mal. Il me réduisit à ne pouvoir me servir de mes bras, mes jambes avoient de la peine à me soutenir; il falloit, en un mot, que ma misérable hôtesse me couchât & me levât comme un enfant. Malgré ma foiblesse, je ne laissois pas d'aller presque tous les jours chez le Docteur. La faim me donnoit assez de force pour m'y traîner, enveloppé d'une mauvaise redingotte, traînant de vieux souliers en pantoufle, & mes bas sur les talons. Mes cheveux étoient épars, leurs pointes menaçoient le Ciel. Quoique j'y allasse en si mauvais équipage, je ne laissois pas d'y être bien reçu. Outre la nourriture que j'y prenois chaque fois, je puis dire que j'y trouvois des consolations dont j'étois privé par-tout ailleurs.

L'extrême indigence où j'étois, toucha un Chirurgien à qui mon Docteur parla de moi. Ils convinrent ensemble de me traiter sans qu'il m'en coûtât rien, & pourvurent en même-temps aux alimens dont je devois user pendant la cure. Je fus trois mois entre les mains du Chirurgien, qui n'ayant pu prendre la voie que lui indiquoit le Docteur, ne réussit pas, & me rendit un vrai squelette. Ce fidèle ami ne pouvant faire tous les frais de ma cure, trouva moyen d'avoir deux guinées du Sr. Prev.... d'Ex.... qui étoit alors Gouverneur du fils du Chevalier Ey... chez qui il avoit tous les agrémens possibles. Ce fut à cette occasion que je fis connoissance avec lui, & je ne saurois décider si elle ne m'a pas été plus désavantageuse qu'utile.

Quoiqu'il en soit, je fus guéri en moins d'un mois, sans avoir éprouvé aucun des désagrémens qui accompagnent ordinairement cette cure. Ma reconnoissance fut sincère. Mon bienfaiteur, qui n'en doutoit point, reçut mon grand merci, comme la plus généreuse récompense que j'eusse pu lui donner. Cependant ma misère n'avoit pas pris fin avec mon mal; mais du moins pouvois-je me donner des mouvemens pour chercher les moyens de la soulager. Je fis connoissance avec un Garçon Pertuquier, plein de cœur, & qui me fit connoître plusieurs de ses camarades. Ils bourfilloient de temps en temps pour me mettre en état de vivoter. J'en avois assez pour ne pas mourir de faim.

Voyant bien que ces pauvres diables ne pouvoient pas tout faire, je m'évertuai à leur trouver des aides. Je fis connoissance avec des laquais, & je ne rougis pas de l'avouer, qui suppléant au défaut des autres, me mirent un peu plus au large. Je fus leur pensionnaire pendant environ six mois ; mais je ne laissois pas d'aller souvent prendre la soupe du Docteur, qui quoiqu'un peu maigre, étoit néanmoins des meilleures de Londres, où l'on n'en fait presque point. J'y étois également bien reçu, & l'on m'y regardoit toujours du même œil.

Je remerciai donc mes bienfaiteurs, dès que je n'eus plus besoin de leur secours. Je ne trouvois point qu'il y eût de bassesse à les recevoir dans l'état où j'étois ; mais je me serois accusé de lâcheté, si j'avois pris leur argent dans le cas où je me trouvois. Etant un jour chez le Docteur, un homme d'un certain âge, nommé Guenau, vint pour le confulter. Il étoit tombé dans l'hypocondriafme. Le Docteur, après lui avoir prefcrit certains remèdes aifés, dont il devoit faire un affez long ufage, lui dit que le meilleur dont il pouvoit ufer, c'étoit d'avoir à fa table un ou deux jeunes gens d'efprit de belle humeur, propres à le divertir pour diffiper les noires vapeurs qui lui dérangeoient la cervelle. En voici un, lui dit-il en me défignant, qui à coup fûr ne vous laiffera pas faifir par la mélancolie. Je vous en laifferai un autre, qui eft le vrai fecond tome. Je vous confeille de les prier une fois pour toutes d'accepter votre table. Il ajouta, que nous étions deux Gentilshommes François, gens d'honneur, & à qui il pouvoit donner toute fa confiance. Celui qu'il propofa avec moi, fe nommoit Rig..... Il étoit fils d'un Lieutenant-Colonel, qui avoit été tué au fervice du Roi d'Angleterre dans la guerre qui commença avec ce fiècle.

Le Sr. Guenau étoit un Homme de Lettres, réfugié à Londres pour la Religion. Il avoit élevé le fils unique du Duc de Buckingham, qui par fon téftament l'

voit donné deux cens guinées de pen-
on annuelle pendant sa vie. Ce revenu
onsidérable, joint à celui qu'il retiroit
un assez gros fond qu'il avoit ménagé &
lacé dans les Fonds publics, le mettoit
ertainement en état de vivre gracieuse-
ent, & de soutenir le dessein qu'il for-
a sur les avis du Docteur, & qu'il
xécuta aussi-tôt.

La table m'étant donc ainsi assurée,
l ne s'agissoit plus que d'un habit & de
uelques autres nippes. Je ne tardai pas
en être muni. Le Docteur sut si à pro-
os persuader mon nourrissier, qu'il l'en-
agea à me vêtir, aussi-bien qu'à me nour-
ir. Cette situation, que je n'aurois ja-
ais osé espérer, me rappella la belle
umeur que l'indigence avoit exilée. Je
ivois content ; le Sr. Guenau sembloit
e porter mieux ; il goûtoit même le plai-
r ; en un mot, tout alloit le mieux du
monde. Nous avions assez d'éloquence,
mon camarade & moi, pour persuader
notre mélancolique à prendre le plaisir
de la campagne. Nous diversifions tous
es jours nos promenades, & elles abou-
issoient à quelque cabaret où il y avoit

de bon vin. Les contes bleus que nous inventions à propos le divertiſſoient. J'avois lieu d'eſpérer que cette agréable vie dureroit au moins quelques années. Mais je comptois très-mal ; le deſtin ne m'aimoit pas aſſez pour ménager ſes jours qui m'étoient ſi précieux.

Il n'avoit jamais été ſi gai que la veille de ſa mort tragique. Nous l'avions mené à Foxhal, charmante guinguette, où ſe rendent tous les jours les beautés ambulantes de Londres, qui y attirent une infinité de Cavaliers de toute condition. C'eſt un endroit où les allées, les cabinets, les boulingrins ſont ménagés avec beaucoup d'art. On y trouve tout ce qui peut flatter le goût, les autres ſens, & les paſſions : bonne chère, bon vin, belle ſymphonie, danſes & ſpectacles, agréable compagnie, rien n'y manque ; & on y reſpire ſur-tout un air de liberté qui ſe trouve rarement ailleurs. On diroit que Flore, Bacchus, Vénus, & toutes les aimables Divinités, y font leur continuel ſéjour.

C'eſt-là où nous paſſâmes le dernier jour de notre malade, & d'où nous n sortîmes qu'à dix heures du soir. Il y avoit bu, mangé & ri à plaisir, tel que le Cygne, qni ne chante, dit-on, jamais qu'un moment avant de mourir. Nous le ramenâmes sain, sauf & joyeux dans sa maison, & nous le quittâmes, après lui avoir souhaité le bon soir. Nous nous félicitions Rig...... & moi d'être de dignes substituts d'Hipocrate, & nous espérions qu'après que son client que nous avions en main seroit guéri, notre réputation seroit assez bien établie, pour en avoir quelqu'autre, d'un si grand nombre qu'il y en a dans cette ville hypocondrifiante. Nous préparâmes même, au clair de la Lune, le rôle que nous devions faire le lendemain. Nous ne pouvions mieux faire que de chercher, sous les auspices de cette planette, de quoi divertir notre lunatique, qui fut ainsi juridiquement qualifié aussi-tôt après sa mort.

Quoique je me fusse couché tard, je ne laissai pas de me rendre le lendemain chez lui à l'ouverture de la porte de sa maison. La servante l'ouvroit pour aller à la provision, lorsque j'y arrivai. J'entrai, & après m'être arrêté en passant devant sa chambre sans avoir entendu aucun mouvement, j'entrai dans un autre appartement, où je pris le premier Livre qui se trouva sous ma main. C'étoit justement les *Mémoires de Mr. Oufle*, le plus grand visionnaire qui fut jamais. Je n'en eus pas lu deux pages, que j'entendis un coup d'arme à feu, sans pouvoir distinguer d'où il partoit.

La servante de retour du marché me trouvant seul, fut un peu surprise que son Maître, contre son ordinaire, n'eût pas encore ouvert la porte de sa chambre. Je la calmai, en lui disant que s'étant couché tard, & ayant fait beaucoup d'exercice la veille, il avoit sans doute besoin d'un plus long repos. Cette raison la tranquillisa, & elle entra dans sa cuisine pour penser au dîner. Cependant Rig.... arriva, & nous nous amusâmes avec Mr. Oufle, dont les idées chimériques nous divertirent, jusqu'à ce que la servante, impatiente de voir son Maître, qui ne lui étoit pas indifférent, alla rudement frapper à sa porte. Je ne sais par quel pressentiment ; car l'amour en fait toujours naître, d'espérance ou de crainte ; elle nous joignit fort alarmée.

Il

Il faut, nous dit-elle, qu'il soit arrivé quelque chose de finistre à mon Maître. Il y a plus de trois heures qu'il devroit être levé. Cette réflexion me paroissant assez plausible, je fus frapper à sa porte, & l'appeller plusieurs fois; & n'appercevant pas de mouvement, nous conclûmes à faire venir un Serrurier pour ouvrir la porte.

La servante, qui avoit la même idée, courut au plus vîte en chercher un. Il vint, & mettant brusquement la main à l'œuvre, il enfonça la porte. Ciel! quel spectacle s'offrit à nos yeux! Nous vimes le bon Mr. Guenau pour ainsi dire sans tête, son crâne étoit éparpillé par morceaux, sa cervelle étoit attachée au mur & au plafond; c'étoit l'objet le plus effrayant que j'eusse vu de ma vie. Il étoit assis sur ses fesses, immédiatement sur le planché, & le dos appuyé à une chaise placée le long de la muraille. Il ne vouloit pas assurément manquer son coup; car de peur que le premier pistolet ne suffit pas, il s'étoit muni d'un second, qu'il tenoit de la gauche, bien bandé & chargé à trois bales. Celui dont il s'étoit servi étoit encore dans sa main droite, le bout appuyé à la gorge, & dans la même situation qu'il l'avoit déchargé. Ce que je trouvai de comique, malgré l'horreur de cette tragédie, c'est la précaution qu'il avoit eue de prendre un vieux habit qu'il ne portoit plus depuis trois ans, de peur de tacher un meilleur du sang qu'il alloit répandre, & de mettre bas son bonnet, pour ne pas le percer & le déchirer en se brûlant la cervelle. Je n'ai jamais pû comprendre qu'un homme, qui est assez fou pour attenter à sa vie, ait de pareilles idées.

Je fus plus frappé de ce coup, que de tous ceux que la fortune m'avoit déjà porté. Il semble qu'on soit plus sensible à l'adversité qui se renouvelle après une lueur de fortune, que la première fois qu'on l'a éprouvée. Je m'en allai raconter cette catastrophe à la bonne femme, dont heureusement pour moi j'avois toujours occupé le grenier, comme si j'eusse pressenti que l'état où j'étois, que je puis appeller heureux, ne seroit pas de longue durée. Elle fut touchée de ma juste affliction; mais elle n'étoit pas en état de me soulager. Je montai dans mon grenier, où je me livrai à des réflexions aussi inutiles qu'accablantes. Ne suis-je pas le plus imprudent des hommes, pensai-je, de n'avoir pas mis à profit un temps aussi précieux que celui que je viens de perdre ? Ne devois-je pas prévoir que Guenau ne vivroit pas long-temps, & travailler à ma tranquillité future ? Je ne pouvois me pardonner ma négligence. J'aurois pu me produire & faire des connoissances utiles, au lieu de me reposer sur un présent aussi douteux que celui dont je jouissois. Je m'amusois à la bagatelle, dès que je ne faisois pas compagnie à mon malade ; c'est-à-dire, que je perdois ordinairement la moitié de la journée.

Mais vaines réflexions, qui ne faisoient que me rendre plus sensible à mes malheurs ! Que faire dans une situation si éprouvante ? Tous les conseils du monde ne me servant de rien, je pris le parti de tout attendre du hazard. Triste ressource à la vérité, mais je ne voyois pas d'autre fondement à mes espérances. Il fallut d'abord penser à avoir quelqu'argent pour recommencer à gargotter. On sent bien que je n'en pouvois avoir qu'en vendant de mes nippes ; c'est ce que je fis. Ma bonne femme se prêta à mes desirs, & m'apporta quelqu'argent. Dieu sait si je le ménageois ; on ne peut pas mieux, sans mourir de faim, car je me contentois de dîner, à moins que je ne soupasse avec mon Docteur, chez qui je m'accrochois toujours.

En vain je cherchai les Garçons Perruquiers & les Laquais, mes anciens bienfaiteurs. Les uns étoient disparus, les autres avoient changé de maître ; je ne savois où les prendre. Ce contraste me fut encore un sujèt de chagrin. Je me promenois au parc, rêvant sur cet article, & les yeux à la quête pour tâcher de découvrir quelqu'un de ceux que je cherchois, lorsque j'apperçus un homme de mon âge assis seul sur un banc. Comme je ne négligeois aucune occasion de chercher quelque ressource, je l'accostai ; espérant que le moins que j'y penserois, je pourrois en trouver, & peut-être même chez des gens de peu d'apparence. Il étoit François ; la conformité de nation sembloit m'autoriser à l'entretenir.

Il en est des malheureux comme des Plaideurs. Ils ont toujours leur objet présent, & c'est de quoi ils s'entretiennent avec le plus de plaisir. Je ne fus pas long-temps sans conjecturer que cet homme n'étoit pas le favori de la fortune, & il ne tarda pas à me le confirmer. Après avoir écouté ses plaintes, je crus qu'il ne refuseroit pas d'être le dépositaire des miennes. Je lui racontai par quelles voies le destin m'avoit conduit au triste état où je me trouvois. En vérité, me dit-il, mon cher Monsieur, je ne suis pas mieux que vous ; & continuant, il m'apprit qu'il étoit un Gentilhomme du pays d'Artois, qu'une fatale nécessité avoit exilé de sa patrie ; jusques-là c'étoit mon original. Il ajouta, qu'il avoit une femme, deux petits innocens, & une belle-sœur à nourrir. Je m'estimai dès-lors moins malheureux, n'ayant pas avec lui ce caractère de ressemblance. Il me dit ensuite, que ses besoins pressans l'avoient rendu industrieux. J'ai appris, reprit-il, à revêtir d'osier les bouteilles dont se servent les Marchands de vin, pour débiter leur vin en France : ma femme & ma belle-sœur me secondent, & nous vivons des fruits de nos travaux. Ne sachant pas ce métier, je ne pouvois comprendre qu'il pût procurer la subsistance à l'ouvrier. Il me désabusa, & m'offrit de me mettre en peu de jours en état d'en être agréablement convaincu ; car enfin, ajouta-t'il, est-il d'état plus agréable à un malheureux, que de vivre dans l'indépendance & sans avoir obligation à personne ? De quelque qualité qu'on soit, on ne déroge jamais en vivant du travail de ses propres mains ; mais quand on n'a pas ce talent, n'est-on pas à plaindre d'être obligé de tirer des coups de pistolet de poche à tous ceux qu'on croit en état de donner quelque secours ? & à combien de rebuts & de bassesses n'est-on pas exposé ?

Ce raisonnement m'encouragea à saisir l'occasion de me retirer moi-même de l'abyme de misére où j'étois. L'ayant pris au mot, je le priai de me dire son nom & sa demeure, & de me recevoir pour son apprentif. Il me satisfit, & j'appris qu'il étoit de la noble Maison de Vignacourt, & d'une branche plus ancienne que celle qui est en Champagne. Voyant un Gentilhomme en quelque façon au-dessus de moi, réduit à un état plus triste que le mien, à la santé près, car la sienne étoit robuste, & la mienne foible & chancelante, je goûtai la consolation des malheureux.

Nous nous quittâmes à la sortie du parc, mais je le suivis de près. J'arrivai en vue de sa maison un moment après qu'il y fut rendu. Je m'amusai exprès dans la boutique d'un Cordonnier François, afin qu'il eût le temps d'informer son épouse de la rencontre qu'il avoit faite, & de lui raconter mon état malheureux. Sensible à ses infortunes, elle ne pouvoit qu'être touchée de la mienne, & porter son mari à me mettre en état de supporter avec moins de rigueur. Ce dessein me réussit. J'entrai chez lui, m'annonçant moi-même. Je les trouvai, le mari, la femme, & sa sœur, qui s'entretenoient de moi. J'en fus reçu le mieux du monde. Je les regardai travailler, sans que ma présence les fit rougir. La Dame, m'adressant la parole, dit qu'elle vouloit avoir la gloire de me montrer le métier, afin que je l'apprise plus vite. Son principe n'étoit pas mauvais; car il est sûr qu'un homme profite bien plus des leçons d'une femme : de la douceur

& de la complaisance de la maîtresse, naissent infailliblement l'ardeur & la docilité du disciple ; & je ne doute pas que cela ne soit réciproque entre les deux sexes.

J'en fis l'épreuve; car en moins de quatre jours je fus parfaitement mon métier; il ne s'agissoit plus que d'avoir de l'ouvrage. Je me donnai des mouvemens à ce dessein. Trois fameux Marchands de vin François, qui étoient de ma connoissance, m'occupèrent avec plaisir. Je me renfermai dans mon grenier, où je couvrois par jour au moins dix-huit bouteilles. C'étoit assez raisonnable pour un pauvre diable comme moi, qui sortois de la misère. On m'en payoit quinze sols par douzaine; de sorte que je me fis un revenu quotidien de vingt-deux sols & demi, d'où ôtant quatre sols & demi qu'il m'en coûtoit pour l'osier, il me restoit dix-huit sols : somme considérable pour moi en ce temps-là, & qui me rendoit haut & puissant Seigneur.

Ne trouvant pas d'autre occasion de témoigner ma reconnoissance à mes bienfaicteurs, je voulus leur en donner des preuves, par le zèle que j'eus de leur procurer de l'ouvrage quand il leur en manqua.

Je m'engageai pour cela à fournir mes Marchands, à condition que je ferois tout leur ouvrage. Ils le trouvoient si bon & si propre, qu'ils acceptèrent ma proposition, & se défirent de deux ou trois ouvriers qu'ils avoient. Mon bon cœur ne se borna pas là. Ayant un jour rencontré Rig... qui depuis la mort de Guenau n'avoit trouvé aucune ressource, je lui offris de lui apprendre mon métier. Il goûta mes offres, & se rendit en trois ou quatre jours aussi habile que moi.

Il travailla avec moi pendant deux mois. Nous chantions & faisions des contes agréables en travaillant, & nous donnions un libre essor à nos idées. Tout le genre humain, sans en excepter les Puissans du monde, étoit le sujet de nos traits satyriques. Le Docteur, qui venoit nous voir très-souvent, trouvoit notre sort fort heureux, & il l'étoit véritablement, puisque nous savions borner nos desirs, & que nous étions parfaitement contens du bien dont nous jouissions. Ce bon ami, qui ne put s'empêcher de parler à plusieurs personnes des scènes comiques qui se passoient dans notre laboratoire, nous attira quantité de gens d'esprit, qui en voulurent être spectateurs. On sortoit de chez moi plus satisfait que du théâtre le mieux assorti. Je sentis bien la différente situation de mon cœur dans cet aimable état, d'avec celui de ma misère. Un honnête-homme me donna lieu d'en faire l'épreuve. La curiosité l'ayant conduit chez moi, comme bien d'autres, il me pria en sortant d'accepter deux guinées, dont il vouloit me faire présent. Je le remerciai en des termes qui le surprirent, & qui le persuadèrent qu'il y avoit encore des hommes au monde, qui sachant se borner au nécessaire, méprisoient le superflu. Gardez votre argent, lui dis-je, Monsieur, & apprenez que je regarde les richesses comme des excrémens de la terre, qu'il est glorieux de traiter avec mépris. Content de ce que la nature exige, le superflu m'est tout à-fait inutile & même pernicieux. Il pourroit troubler mon sommeil, & peut-être le repos de ma vie. Il se retira sans me dire mot : je ne sais s'il fut choqué de ma réponse, ou s'il me regarda comme un fou ou comme un homme sage.

Rig... qui m'avoit laissé entrevoir malgré lui le dessein qu'il méditoit, suivit de près sa jeune épouse. Elle étoit fille de Mr. de Ponth... Gentilhomme Xaintongeois, réfugié en Angleterre pour cause de religion. De trois filles qu'il avoit, il avoit donné son aînée au Sr. Cavalier, Chef des Cevenois, nommés vulgairement Camisards, qui se révoltèrent contre Louis XIV au commencement de la guerre en faveur de Philippe V Roi d'Espagne. Son épouse étoit trop belle pour lui, aussi s'échappa-t'elle de ses bras pour se livrer entre ceux d'un Officier qui l'emmena à Port-Mahon, où son Régiment étoit en garnison. La seconde fut accordée à une espèce de Bijoutier François réfugié ; & la troisième, qui n'étoit ni moins belle, ni moins aimable que son aînée, força Rig... à l'épouser le pistolet à la gorge, & peu s'en fallut qu'elle ne le tuât d'un coup qu'elle lui en lâcha, comme il sortoit d'une Eglise.

Son mari attribua la violence de sa femme à la force de son amour. Il eut toujours pour elle de très-bonnes manières, mais il n'étoit pas en état de l'entretenir. Elle s'ennuya de languir ; & ayant appris qu'un de ses oncles venoit d'être nommé Evêque de Xaintes, elle lui écrivit pour le prier de la diriger dans le dessein qu'elle avoit de changer de Religion & de rentrer dans celle de ses ancêtres. Le nouvel Evêque trouvant matière à son zèle, ne manqua pas de lui donner l'essor. Il croyoit se faire un mérite auprès du Roi & des Jésuites, ses patrons, en saisissant l'occasion de rappeller sa famille au giron de l'Eglise Romaine. Madame Rig... ayant reçu réponse à sa lettre, partit furtivement de Londres, pour se rendre à Paris à l'adresse qui lui étoit marquée. Son mari fut alarmé de sa fuite ; il ne savoit absolument quel en pouvoit être le motif ; mais la lettre qu'il en reçut de Calais, rétablit le calme dans son cœur.

Elle se servit d'expressions si séduisantes pour le déterminer à imiter son exemple, qu'il seroit parti sur le champ pour la joindre, s'il l'eut crue en état de lui donner du pain. Le temps seconda ses vœux. Elle lui marqua quatre mois après son départ, qu'elle avoit obtenu du Roi une pension de mille écus, qu'elle lui offroit de partager avec lui, aux conditions qu'il ne pouvoit ignorer. Rig... à qui toutes les Religions étoient indifférentes, excepté celle qui lui auroit donné du pain, se résolut de l'aller joindre. Il me communiqua son dessein la veille de son départ, & après avoir vendu à son beau-frère une pension qu'il avoit de George I, Roi d'Angleterre, qui la lui avoit donnée en montant pour ainsi dire sur le Trône de la Grande Bretagne, il me dit adieu, & partit, me laissant livré à la mélancolie de ma solitude.

N'importe, je ne me rebutai pas. Je continuai mon petit commerce, & je vivois. Je ne pensai pas même à sortir de mon état, lorsque mon Docteur vint m'en proposer un autre. Il me dit que le Sr. Prev. d'Ex. se trouvoit obligé de quitter la maison du Chevalier Ey... Une petite affaire de cœur l'en éloignoit nécessairement. Il ajouta que ce Savant ne pouvoit se résoudre à vivre dans Londres, après y avoir perdu un poste si gracieux. Il m'a demandé, reprit-il, si je ne connoissois point quelque jeune Cavalier d'esprit, qui voulut le suivre en Hollande. J'ai jeté les yeux sur vous, & je vous ai proposé. Votre caractère lui a plu ; il m'a prié de vous déterminer à suivre sa fortune.

Quelque tranquille que je fuſſe dans ma ſolitude, mes eſpérances ſe réveillèrent. J'acceptai, ſans balancer, la propoſition du Docteur, & les offres de Prev... Il commença par m'ouvrir ſa bourſe, pour me mettre en état de payer quelques petites dettes que j'avois depuis long-temps. Je n'oubliai pas de mettre ſur la liſte que je lui en donnai, la récompenſe dont je voulois gratifier ma bonne femme d'hôteſſe. Je m'acquittai avec tout le monde, & je partis avec lui.

Mon humeur naturellement enjouée, ſe réveilla dès que nous eûmes levé l'ancre, & une aventure des plus plaiſantes dont je fus témoin à Gravezend, me divertit beaucoup. Le vent nous étant devenu contraire, nous fûmes arrêtés au port de cette petite ville. Prévoyant bien que nous aurions le temps de nous ennuyer en mer, nous nous fîmes porter à terre. Nous ne fûmes pas entré dans l'auberge où nous allâmes loger, qu'ayant mis ſans deſſein la tête à la fenêtre, je vis d'aſſez loin un homme qui galopoit avec toutes les allures d'un cheval. Il étoit nu, & avoit une ſelle ſur le dos & un bridon à la bouche.

Il s'arrêta tout court devant notre auberge un peu à côté de la porte, & s'attacha lui-même par les rênes de son bridon à un anneau de fer fiché dans le mur. Il y demeura bien une grosse demi-heure avec autant de tranquillité, qu'un cheval qui attend que son maître sorte du cabaret, pour le monter & continuer sa route. Au bout de ce temps-là, il se détacha lui-même, & parla en ces termes à l'hôte, à l'hôtesse, & à beaucoup de gens qui s'étoient assemblés devant l'auberge.

» Je suis, dit-il, de l'illustre race che-
» valine de Pégase. Bucéphale étoit un de
» mes ancêtres. Cupidon m'a pris pour
» son coureur, & j'ai l'honneur de porter
» tous les billets-doux dictés par ce puis-
» sant & aimable Dieu. Je porte même
» souvent Mercure, la Renommée, &
» même Iris, quand Junon la dépêche par
un coup extraordinaire de belle-humeur. Fatigué de la course que j'ai faite aujourd'hui, je me suis arrêté ici pour repaître. Je ne doute pas que le Cavalier qui me monte n'ait grassement payé ; je m'en vais le rapporter incessamment où je l'ai pris, pour courir de nouveau,

« afin de rendre à un amant qui est sur le
» point de se désespérer, une lettre con-
» solante de sa maîtresse, qui doit rete-
» nir son bras courroucé de son sort, qu'il
» croit le plus malheureux du monde. Il
» s'est imaginé que celle qu'il aime est en-
» tre les bras d'un rival, tandis qu'elle est
» renfermée par ses rigoureux parens,
» qui n'approuvent pas son amour. A
» moi, Pégase! s'écria-t'il; donne-moi
» ton agilité, afin que je me montre digne
» de ton sang ».

Il dit, & après avoir fait quelques ruades & pétarades, il recommença sa course en hennissant, & criant ensuite, *ohé*,
ohé, ni plus ni moins qu'un courier qui
va pour des affaires de conséquence.
Cette aventure nous réjouit extrêmement;
je crois qu'elle contribua à l'appétit que
j'eus à souper; je n'ai tant mangé de ma
vie.

Notre hôte, qui étoit un homme gracieux, n'attendit pas que nous nous infor-
massions qui étoit cet homme, & comment il étoit tombé dans cet excès de folie. Il nous prévint; & nous ayant demandé en entrant dans la chambre, si

nous avions jamais vu un spectacle pareil, il nous fit l'histoire de cet homme qui nous en avoit donné le plaisir.

C'est, nous dit-il, un Gentilhomme de Rochester, à qui la cervelle a tournée à l'occasion d'une lettre de sa maîtresse qui fut interceptée. Il en eut un chagrin qui lui causa une affreuse maladie, dont la folie a été le terme. Il s'est fourré dans la tête qu'il est cheval de poste. Vous avez entendu la généalogie qu'il s'est faite lui-même. Il la répète par-tout où il s'arrête. Nous le voyons ici régulièrement une fois le mois. Il parcourt ainsi tous les ans, les villes, les bourgs & les villages à quinze lieues autour de sa ville natale.

Après avoir remercié l'hôte de sa complaisance, nous fîmes sur cette aventure mille réflexions badines, qui nous égayèrent. Nous les continuâmes pendant tout le souper, qui nous fut servi bientôt après, où nous avions de fort aimables Angloises & Allemandes, qui étoient sur notre chaloupe. Elles avouèrent que l'exactitude & la fidélité de ce cheval imaginaire seroit bien plus de leur goût, si l'on pouvoit compter sur sa discrétion ; mais que tandis qu'il auroit l'ufage de la langue humaine, il y avoit beaucoup de rifque à s'y fier. Mais auffi, dit une d'entr'elles qui l'avoit attentivement confidéré, je lui trouve un avantage favorable à une maîtreffe qui s'en ferviroit comme d'un poftillon. C'eft qu'il eft affez bien tourné pour pouvoir remplacer l'amant auquel elle l'envoyeroit, s'il venoit à lui être infidèle. Oui, dit une autre ; mais n'auroit-il pas auffi l'avifement & la malice de débufquer des cœurs des Belles, les Amans qu'elles aimeroient, qui feroient en effet plus aimables que lui ? Qu'importe, reprit la première, fi l'on ne perdoit rien au change. On continua fur ce ton là pendant la table, qu'on ne quitta qu'aux approches du jour. Nous penfions à prendre du repos, lorfque le Capitaine s'en vint faire grand bruit à l'auberge pour nous éveiller, nous croyant bien endormis. Le vent étoit devenu bon ; il avoit raifon d'en profiter. Nous nous rembarquâmes avec plaifir, efpérant n'être pas long-temps en mer. Notre trajet fut fi prompt, que le même jour, à l'entrée de la nuit, nous arrivâmes à Helvoetfluys, petit lieu fitué presque à l'embouchure de la Meuse. Nous en partîmes le lendemain par terre, pour ne pas languir sur cette rivière, & nous arrivâmes à Rotterdam à l'heure du dîner.

Prev...... qui étoit dans l'impatience d'être rendu à Amsterdam, où il avoit dessein d'exercer sa plume, me proposa de continuer notre route. Cette résolution fut de mon goût, & nous prîmes la barque pour la Haye, où nous ne nous arrêtâmes qu'autant de temps qu'il en fallut pour recevoir nos coffres, que notre hôte de Rotterdam s'étoit chargé de retirer du vaisseau & de nous envoyer. La Haye étoit fort de notre goût, & nous en aurions aimé le séjour si nous y eussions trouvé l'occasion de nous indemniser par quelque Ouvrage de la grosse dépense qu'on est obligé d'y faire. Ayant donc reçu nos coffres le deuxième jour de notre arrivée, nous en partîmes pour Amsterdam, où nous mîmes aussi-tôt la main à l'œuvre.

Nous nous renfermâmes à l'auberge, dans le dessein de ne paroître qu'après avoir fini les *Mémoires de Cleveland*, ou le *Philosophe Anglois*, que nous commençâmes en arrivant. Je dis nous, quoique je n'aie eu d'autre part à cet Ouvrage, que d'avoir donné l'idée de quelques aventures & pris la peine de le mettre au net. Trois femaines de travail aſſidu nous conduiſirent à la fin du quatrième volume. Nous avions projetté de le pouſſer juſqu'au ſeptième, & nous l'aurions fait tout de ſuite, ſi un Libraire d'Utrecht qui acheta le Manuſcrit, n'eût eu l'empreſſement de l'imprimer tel qu'il étoit, dans l'eſpérance que Prev,..... lui donna de lui fournir inceſſamment le reſte. Mais dès que nous eûmes touché notre argent, ſon ardeur pour le travail ſe rallentit. Il promit cependant de le continuer, & s'engagea même avec deux Libraires de la Haye à traduire l'*Hiſtoire de Mr. de Thou*, & à l'enrichir de remarques intéreſſantes: & comme les Libraires s'étoient apperçus qu'il avoit du penchant à la diſſipation, ils l'engagèrent à aller demeurer à la Haye, afin de le faire travailler ſous leurs yeux.

Cette précaution, ſi ſage en apparence, fut la cauſe de la perte de Prev.... Il ne fut pas long-temps à la Haye ſans y faire une Maîtreſſe, qui le conſumoit ſi fort en dépenſe & l'occupoit tellement, qu'il n'étoit pas possible que son travail le fit subsister. Je ne fus pas le seul qui éprouvai les effets de ce désordre. Le Médecin, dont j'ai déja parlé, & qui avoit fait ma consolation à Londres, eut bien de la peine à se faire payer de quelque Ouvrage que Prev.... lui avoit fait faire. Il avoit quitté l'Angleterre pour passer en Hollande. Prev.... l'avoit employé; mais ses affaires ne lui permettant pas de continuer, il rendit son Ouvrage à Prev.... & lui en demanda le paiement. Celui-ci, qui étoit un panier percé, n'en ayant pas, voulut le remettre à un autre temps; mais le Médecin lui ayant parlé des grosses dents, ne lui donna que douze heures de temps pour le satisfaire. Le débiteur qui savoit que son créancier n'étoit pas tendre, trouva de l'argent, & le paya avant l'échéance du terme qui lui avoit été fixé.

Pour moi, je ne fus pas long-temps sans m'appercevoir que je m'étois engagé dans une mauvaise société. Je pris mon parti; j'y fus même déterminé par un autre motif. *Lenki*, que tout la Haye connoissoit pour une véritable sangsue, qui avoit épuisé la plupart de ses Amans, se donnoit en ma préfence des airs qui ne me convenoient point du tout. Outre qu'une créature de ce caractère ne méritoit point de ménagement, j'étois trop naïf pour en ufer avec elle. Je la relevai un jour en préfence de fon Amant avec des airs de mépris & en des termes peu ménagés, qu'elle fentit parfaitement bien. Quelques larmes qu'elle appella à fon fecours, irritèrent Prev.... qui voulut s'avifer de m'impofer filence. Il fut très-fage de fe taire lui-même, quand je le lui impofai à mon tour. Je me levai, & après avoir traité la Donzelle comme elle méritoit, je fortis réfolu de ne me trouver jamais plus en fa compagnie ; & quelque follicitation que m'en ai pu faire fa dupe d'Amant, rien ne fut capable de me ramener.

Un Ami, que je m'étois fait à Amfterdam, m'avoit procuré la traduction d'un ouvrage, intitulé la *Phyfique Sacrée*. Je me vis indemnifé par-là de l'occupation que me donnoit Prev.... Je m'attachai fort à mon Ouvrage ; & fi je le fufpendois, ce n'étoit que pour aller paffer une heure chez un des deux Libraires qui avoient entrepris le *de Thou*, où j'étois reçu avec toute forte de politeffe. Son époufe, qui a beaucoup d'efprit, paroiffoit fouffrir ma converfation ; c'en fut bien affez pour me borner à cette occafion de me donner du relâche ; cette feule fociété me tint lieu de toutes celles que j'aurois pu lier ; je ne voyois plus Prev.... qu'avec une politeffe indifférente, & je ne balançai pas à lui dire que j'en agirois avec lui de la forte, tandis qu'il verroit fa grifpine, que j'honorois d'un fouverain mépris. Cette ouverture ne lui fit aucune impreffion. Il en étoit fi coëffé, que pour ne pas la défobliger, il fe brouilla avec tous ceux qu'il avoit tout lieu d'eftimer ; il pouffa même fi loin fa complaifance, qu'il n'épargna pas des femmes d'honneur auxquelles il avoit de l'obligation. Son amour aveugle pour fa Lenki, réduifoit fon efprit à la même condition. Il s'imaginoit fans doute lui rendre fon honneur, aux dépens de celles à qui il l'enlevoit par les traits les plus aigus & les plus déchirans. C'eft ce funefte aveuglement qui a failli à le conduire à une fin des plus tragiques.

Outre l'argent qu'elle lui coûtoit, il en

perdoit beaucoup, qu'elle l'empêchoit de gagner, en lui prenant plus de temps qu'il n'en employoit au travail. C'est ainsi qu'il se dérangea si fort, qu'il se vit forcé de quitter la Haye, & par conséquent d'abandonner son entreprise, dont la plus grosse partie lui avoit été payée d'avance. Il s'en alla à Londres avec sa Lenki, où il éprouva les suites funestes de son amour effréné. Ne pouvant fournir aux dépenses de cette créature, il essaya de la soutenir aux dépens d'autrui ; mais ce coup d'essai faillit à lui coûter la vie. Elle lui fut conservée par ceux mêmes qu'il avoit voulu duper. Il sortit de Londres pour se retirer à Calais, où il s'arrêta *incognitò* pour employer ses amis à lui ménager sa paix avec l'Ordre Monastique dont il avoit secoué le joug. Ses supérieurs se donnèrent eux-mêmes le soin d'obtenir du Pape un Bref, qui lui permettoit d'entrer dans un autre Ordre, où chacun mène la vie qui lui plaît. Lenki informée qu'il étoit en lieu de sûreté, ne tarda pas à le joindre. Leur union se renouvella à Paris, avec autant d'ardeur qu'elle s'étoit faite à la Haye. En changeant d'état, il n'avoit point changé gé d'inclination. Il avoit jeûné pendant dix ans chez Loyola, & pendant douze chez les Bénédictins : il n'étoit pas étonnant de le voir si affamé. Il lui faut au moins autant de temps pour satisfaire son appétit, qu'il a languit par la privation des objets propres à le contenter. Heureux si Linki ne lui fait point quitter Paris.

Quoiqu'il en soit, je menai une vie tranquille après son départ ; ma plume suffisoit pour m'en procurer les petites douceurs. J'étois trop heureux pour que ma médiocre félicité ne fût point troublée. Les remèdes que j'avois pris à Londres n'avoient rien fait que pallier mon mal. Tous les symptômes s'en renouvellèrent, & je fus aussi perclus de mes membres que je l'avois été en Angleterre. Le Docteur prenant congé de moi en quittant la Hollande, ne m'en fit pas un mystère. Il me produisit un Chirurgien François établi à la Haye, qu'il instruisit parfaitement de la nature de mon mal. Il me conseilla de me mettre entre ses mains. Je ne sais si je n'ai point mal fait de n'avoir pas suivi ses avis : mais je sens bien qu'il me manque quelque chose, malgré l'exactitude & l'attention avec lesquelles j'ai été traité par un Médecin qui m'offrit généreusement ses soins.

M'étant donc déterminé à recevoir le soulagement qui m'étoit offert, je fus mis dans un cours de remèdes, où mon gracieux Libraire me fut d'un grand secours. Les bouillons & les autres alimens dont je pouvois faire usage, me venoient de chez lui, & les derniers me furent fournis avec autant de bonté que les premiers. On soutenoit tout cela d'une extrême politesse. J'étois confus de voir deux fois le jour des émissaires qui venoient de la part de mes bienfaicteurs s'informer de mon état. Rien n'étoit plus consolant pour un homme aussi malheureux que moi.

On s'imaginera peut-être que la situation où j'étois m'avoit fait oublier mes proches & ma patrie. Rien moins que cela. A mesure que je jouissois de quelque rayon de fortune, ces sentimens naturels me renaissoient, & je n'y pensois point du tout quand j'étois accablé de mal & de misère; ma sensibilité étoit entièrement étouffée sous le poids de mes malheurs. Depuis que j'étois sorti de ma patrie, je n'eus jamais tant d'envie de la revoir, que pendant le cours de mes remèdes. Je me proposai d'y faire un voyage *incognito*, dès que j'en serois quitte. J'écrivis à mon père en me mettant entre les mains des Médecins ; mais j'appris par la réponse que me fit le mari de ma sœur ainée, qu'il étoit mort. Il eut même l'imprudence de me marquer que ma conduite n'avoit pas peu contribué à lui faire perdre la vie. Il ajoutoit, que le bon homme avoit eu tant de chagrin de la fuite de Ferdinande, qu'il étoit persuadé que j'avois séduite & engagée à me suivre, qu'il n'avoit survécu que deux mois à son départ : & conséquemment à cette idée, disoit-il, & à celle qu'il avoit de mes débauches, il m'avoit donné sa malédiction en mourant.

Cette Lettre, que mon beau-frère pouvoit bien se dispenser de m'écrire, me piqua au vif. J'étois outré des airs qu'il se donnoit, & je méditois la vengeance que j'en voulois prendre. Quant à mon autre beau-frère, Major d'Arras, je n'en eus jamais ni vent ni fumée. Il sembloit que toute ma famille s'étoit liguée avec ma mauvaise fortune. Je pris donc la résolution de faire un voyage en Champagne, aussi-tôt que je serois en état de l'entreprendre. J'achetai à cet effet un petit cheval, assez vigoureux pour mon dessein. Je voulois prendre la route des Ardennes, qui abrégeoit mon chemin de quinze lieues.

La confidence que je fis de mon projet à un ami, me fut salutaire. Il me fit sentir que ce seroit m'exposer beaucoup que d'aller dans ma Province, où le Prévôt avoit ordre de m'arrêter; & d'autant plus, que n'étant pas bien avec mes parens, je n'y trouverois aucun asyle. Ce raisonnement ayant calmé mon courroux, me persuada ce que j'aurois dû prévoir, si la passion ne m'eût obsédé. Ma vengeance & mon dessein s'évanouirent à la fois. Je ne pensai plus qu'à me tirer d'intrigue, & à me consoler d'être sans parens le reste de mes jours.

Mes remèdes ayant suspendu ma traduction de la *Physique Sacrée*, je m'y appliquai de nouveau avec beaucoup d'assiduité. La rétribution que je retirois de mon travail, jointe aux secours que je recevois de mon officieux Libraire, me mettoient dans un état à pouvoir me passer du reste du monde. Après avoir essuyé tant de tempêtes, je me trouvois heureux dans le calme dont je jouissois. On avoit beau me venir rapporter qu'on parloit de moi comme d'un Aventurier, inconnu à tous les François qui venoient à la Haye de toutes les parties de la France, & qu'il falloit qu'il y eut bien des choses sur mon compte, puisque tout le monde ignoroit mon nom & ma patrie ; rien de tout cela n'étoit capable de troubler mon repos. Je continuai à mener une vie fort retirée ; je ne sortois guères que pour me délasser de mon travail, en prenant l'air hors de la ville ; & à deux maisons près où j'allois deux fois la semaine, je ne fréquentois personne. Ma conversation étoit ordinairement avec les morts ; je veux dire avec les Livres. Bien différens des vivans, ils me corrigèrent de mes défauts sans aucun fiel ; je les quittois & les reprenois à ma fantaisie, sans qu'il s'en formalisassent ; & j'en retirois beaucoup d'avantages, sans être exposé aux traits de la critique, de la médisance, de la calomnie, ni à la jalousie & au mépris ; ce qu'on éprouve souvent dans la plupart des cercles.

Les Cafés & les Cabarets étoient encore moins mon élément. Je ne pouvois m'imaginer quels plaisirs peuvent y goûter ceux qui les fréquentent. Je suis si prévenu contre ces maisons publiques, que je ne comprends pas qu'on puisse en être des piliers, à moins que d'y avoir des rendez-vous pour des affaires. Mais on n'y voit ordinairement que des gens désœuvrés, qui ne sachant pas s'occuper, y cherchent à charmer leurs ennuis, en lisant des nouvelles, dont un Gazetier remplit une misérable feuille du lundi, & qu'il rétracte le vendredi. Que de temps perdu, pensois-je quelquefois ! que je me trouverois à plaindre s'il me falloit réduire à ce genre de vie ! J'étois si fort revenu de ces fades amusemens, que s'il m'eût fallu reprendre celle que j'avois menée à Paris & en Lorraine, j'aurois préféré la prison à une liberté si agréable en apparence, qui charme la jeunesse volage & inconsidérée.

Telle étoit la vie retirée que je menois, lorsque la complaisance & la politesse m'obligèrent pendant quelque temps à prendre l'essort. Un Etranger, qui arriva à la Haye, me rendit une Lettre d'un ami, qui me prioit de lui faire voir la Hollande & de lui servir de Mentor. Je ne pus me dispenser de me prêter à ses desirs ; c'étoit le moins qu'il pouvoit exiger de mon amitié. Le jeune Cavalier qu'il me recommandoit, étoit un Gentilhomme de Touraine, qui ne manquoit ni d'argent, ni de crédit. Bien lui valut ; car je n'étois pas en état d'y suppléer. Je me préparai à l'accompagner dans toute la Hollande, aussi exactement que s'il en eût voulu faire la Carte.

Nous eûmes à Leyde une aventure qui faillit à me jeter dans l'embarras. Il y avoit dans l'auberge où nous fûmes loger, une fort belle fille, que nous prîmes pour la servante. Le Cavalier, que j'accompagnois, en fut épris. Ayant affecté d'avoir quelque besoin, il descendit de l'appartement que nous occupions, pour s'entretenir, sans savoir un mot de Flamand, avec cette beauté qui n'entendoit point le François. Mais l'amour est assez ingénieux pour suppléer à l'ignorance des langues ;

le langage des yeux eſt de toutes les nations.

Mon amoureux compagnon, guidé ſans doute par l'amour, la chercha avec tant d'ardeur, qu'enfin il la trouva dans le jardin où elle cueilloit des herbes pour la cuiſine. Il l'accoſta, les yeux enflammés. Elle n'en fut point effarouchée. La nature ſut bien lui faire diſcerner qu'il ne l'approchoit pas pour lui faire du mal. Les ſignes qu'il lui fit furent aſſez expreſſifs pour qu'elle comprit qu'il l'aimoit. Elle lui répondit également par ſignes, qu'elle ne le haïſſoit pas. Auſſi étoit-il d'une aſſez jolie figure pour ſe faire aimer. L'entendant auſſi-bien qu'elle l'entendoit, il voulut s'avancer pour lui prendre un baiſer. Elle fit quelque réſiſtance, mais qui ne fut pas aſſez grande pour l'en priver. Cependant elle le rebuta d'une certaine façon, à lui faire entendre qu'elle ſe défioit des étrangers, & j'entendis de la fenêtre, d'où je les conſidérois ſans pouvoir en être apperçu, qu'elle lâcha ces mots *niet Franſman*. Il comprit tout comme moi qu'elle lui diſoit qu'elle ſe défioit des François.

Il mit auſſi-tôt la main ſur la poitrine, &

leva les yeux au Ciel, comme pour lui jurer qu'il l'aimoit avec sincérité. A ce serment, qu'elle me parut entendre parfaitement bien, elle lui prit la main où il y avoit une bague, & elle lui fit signe de la lui mettre au doigt, comme une preuve qu'il vouloit l'épouser. Ne sachant pas les suites que pourroit avoir cette cérémonie, il l'ôta aussi-tôt, & la lui mit au doigt qu'elle lui présentoit; & après l'avoir reçue, elle lui donna un tendre baiser. Il ne se contenta pas de cette faveur, & aspirant à une plus grande, il prit avec elle certaines familiarités qu'elle souffrit avec bien peu de résistance : & lui ayant fait entendre qu'on pourroit les découvrir des maisons voisines qu'elle lui montroit, elle lui fit une grande révérence & se retira.

Il y a grande apparence qu'elle prit son temps dans le reste de la journée, pour raconter son aventure à sa mère, qui étoit veuve, & que la bonne femme comptoit avoir un gendre dans la personne du jeune Cavalier. De cette affaire là nous en fûmes mieux traités; & la bonne femme ayant mis trois couverts à notre table, que j'avois fait dresser dans notre appartement, me dit en Hollandois que sa fille auroit l'honneur de souper avec nous. Je lui répondis qu'elle nous feroit honneur & plaisir, & comme elle sortoit, je regardai mon Télémaque sans pouvoir me tenir de rire. Inquiet de savoir pour qui étoit ce troisième couvert, je le satisfis sans le faire languir. Je lui répondis, que la belle Fille qu'il avoit caressée dans le jardin devoit souper avec nous, & qu'apparemment il l'en avoit priée. Moi, dit-il vivement ; hé comment aurois-je pu l'en prier, ne sachant pas un mot de Hollandois ? Bon, bon, repartis-je ; puisque vous avez su lui exprimer votre amour, il ne vous a pas été difficile de lui faire entendre tout le reste. Je vous avoue, reprit-il, que si j'avois cru qu'elle m'eût compris, je lui en aurois fait la proposition. Mais n'importe, ajouta-t'il ; elle m'a assez entendu, pour apprendre que sa présence ne peut que me faire plaisir. Il me dit ensuite, qu'il donneroit cent louis pour savoir autant de Flamand que j'en savois. Je lui répartis que peu de chose à ce prix-là lui coûteroit bien cher. Je le parlois effectivement très-mal ; mais je l'entendois beaucoup mieux.

Le souper fut servi, & la fille y vint, très-bien ajustée, & d'une grande propreté. Il est certain que sa beauté étoit brillante. Après m'avoir salué très-gracieusement en entrant, elle s'approcha de mon compagnon, qui étoit tout ébaubi de la voir encore plus belle qu'elle ne lui avoit paru. Elle lui donna deux baisers, avec autant de tendresse que de naïveté. Prétendant en avoir autant, je la joignis pour les prendre; mais elle me refusa d'une manière si polie, que je n'insistai pas davantage. Si j'en agissois, me dit-elle, avec Monsieur par un principe de politesse, je croirois devoir vous traiter également. J'ai très-grande raison de lui donner cette marque de distinction; ne soyez donc pas surpris que je m'en acquitte.

Une preuve d'amour si authentique ravit mon compagnon. Ses yeux & ses manières ne me permirent pas de douter que son cœur ne fût absolument pris. Je ne sais par quel pressentiment j'en fus mortifié; mais je craignois que cette passion naissante ne se fortifiât, par le retour que la Belle avoit pour lui. Je voyois parfaitement qu'elle traitoit cette affaire d'un grand sérieux & de très-bonne foi.

Je ne leur étoit point suspect, car ils se firent l'amour pendant toute la table ; ils se caresèrent avec autant de liberté, que s'ils eussent été accordés authentiquement. Je m'étois agréablement prévenu qu'ils auroient besoin de mon ministère pour leur servir d'interprête ; mais ils ne m'employèrent pas. Ils nourrirent leur passion mutuelle de la même manière qu'ils l'avoient fait naître. Leurs yeux & les signes qu'ils faisoient pour s'exprimer leurs tendres sentimens, me firent comprendre que l'amour n'a pas besoin d'interprête, & que l'éloquence de la bouche fait moins de progrès dans ce doux commerce, que le langage des yeux, & les manières qui le soutiennent. Ils me laissèrent si peu de vuide dans leur conversation amoureuse, que je ne trouvai pas à placer un mot.

Chagrin de voir ce jeune homme s'engager si avant avec cette fille, je prévoyois celui qu'auroient ceux qui me l'avoient recommandé. Il leur tenoit de trop près, pour n'être pas vivement touchés, s'il faisoit quelque fausse démarche. Il me convenoit de faire tous mes efforts pour étouffer cette paſſion dès ſa naiſſance, puiſqu'il ſembloit qu'elle s'étoit formée ſous mes auſpices. Cependant cette ſcène amoureuſe dura au-delà de la table; & je ne doute pas que ſi la bonne femme ne fût montée pour ramener ſa fille, elle n'eût duré toute la nuit. Dans l'eſpérance que ce n'étoit qu'un amour entre oiſeaux de paſſage, je ne laiſſai pas d'y prendre plaiſir. Jamais la nature ne s'étoit ſi bien développée à mes yeux. D'où j'inférai avec combien d'artifice la plupart des Amans s'efforcent de ſe prouver leur amour. En vérité, quand on y va de bonne foi, on n'a que faire d'étudier pour perſuader qu'on aime.

Dès que la mère parut, la fille bien née ſe leva, & après m'avoir ſalué, elle embraſſa tendrement ſon Amant en préſence de ſa mère, qui pour confirmer la paſſion de ſa fille, l'embraſſa auſſi avec beaucoup de tendreſſe. Je fus auſſi étonné qu'un homme à qui les cornes pointent. Il s'en apperçut, & m'en demanda la cauſe. Je lui répondis très-franchement que j'étois inquiet ſur les deux ſcènes qui s'étoient paſſées entre cette fille & lui. Si vous ne cherchez, lui dis-je, qu'à passer le temps; je suis charmé que vous en ayez trouvé l'occasion : mais s'il y a dans votre amour autant de sérieux que j'en puis comprendre, vous me permettrez de vous dire, que j'aurois beaucoup à me reprocher, si je ne tâchois de briser une chaîne qui vous paroît douce aujourd'hui, & qui un jour vous deviendroit très-dure. Jamais, jamais, me répondit-il brusquement. Il n'est pas possible, ajouta-t'il, qu'un si beau feu & si bien allumé puisse s'éteindre. Ce n'est pas ainsi que je l'entends, repris-je ; je ne fais attention qu'au chagrin qu'auroient vos parens, si vous veniez à serrer authentiquement les nœuds de votre passion, & vous pourriez bien en être la victime. Il me repliqua, que quoiqu'il en pût arriver, il ne pourroit jamais être malheureux, s'il étoit une fois en possession d'une si belle & si aimable personne. Il n'est pas possible, reprit-il, que le Ciel ne nous ait faits l'un pour l'autre. Sur ce pied-là, il saura bien m'indemniser de l'injustice & de la cruauté que mes parens pourroient exercer contre moi.

Ne pouvant en tirer de meilleure raison, je me mis dans mon lit, & il ne tarda pas à entrer dans le sien. Je ne sais s'il rebuta Morphée, ou si ce restaurateur des hommes se refusa lui-même; mais il ne dormit point de toute la nuit. Je ne dormis guères mieux; car il troubla mon sommeil, comme sa Belle troubloit le sien. A peine j'allois m'y livrer, que des soupirs profonds, souvent des sanglots, quelquefois des expressions tendres qui lui échappoient, m'éveilloient en sursaut. Fatigué de cette insomnie, je lui demandai s'il n'étoit point incommodé. Mon corps se porte fort bien, me répondit-il; mais mon esprit & mon cœur sont bien malades; je sens un mal que je n'ai jamais senti. Il m'est cher, je l'aime, & je serois fâché d'en guérir. Croyez-moi pourtant, lui dis-je, & cherchez-en au plus vîte le remède; car les suites en pourroient être fâcheuses. Ho que non, reprit-il; la douceur que je me promets, & que je goûte par anticipation, ne sauroit être une source d'amertume. Amen, lui repartis-je, & je m'assoupis à l'instant.

Je dormis jusqu'après soleil levé, sans aucune interruption. Je me levai, croyant partir pour Amsterdam. Dans ce dessein, je tirai le rideau du lit de mon compagnon, & je vis ce à quoi je n'aurois jamais pu m'attendre. Sa Belle étoit assise sur un fauteuil, se soutenant d'un coude sur le chevet de son lit. Ils s'entregardoient avec délectation, & se faisoient des minauderies auxquelles je ne comprenois rien; mais je m'imaginai que l'amour animoit leurs organes. Il ne me parut pourtant pas qu'elle eût aussi mal dormi que lui. Elle avoit les yeux vifs, & le teint vermeil comme une rose. Elle se leva dès qu'il m'eut apperçu; & après l'avoir embrassé toujours avec la même tendresse, elle me fit la révérence, & s'en alla en me disant, *Goede morgue Mynheer.*

Surpris de l'aventure, je demandai à mon compagnon, s'il y avoit long-temps qu'elle étoit entrée? Il me répondit qu'il y avoit au moins trois heures qu'elle avoit frappé à la porte. Le cœur m'ayant inspiré, reprit-il, que c'étoit elle-même, je me suis levé & lui ai ouvert. J'étois en chemise, & elle n'en a point été alarmée. J'ai voulu profiter du moment; mais elle m'a résisté, me faisant entendre, que quoique son cœur fut à moi, elle ne m'avoit encore donné aucun droit sur sa personne. Cette réponse m'a rendu si respectueux, que je me suis borné à lui confirmer mon amour. Elle m'a payé de retour, & nous nous sommes contentés de nous faire des caresses réciproques. Ah Ciel, qu'elle est aimable ! s'écria-t'il dans un amoureux transport ; & le sommeil le saisit aussi brusquement que s'il eût été frappé de la foudre.

Le voyant endormi si profondément, je refermai ses rideaux ; & pour ne pas l'interrompre, je descendis pour prendre du café avec nos hôtesses. Elles m'entretinrent de toute autre chose que de ce que je souhaitois. J'eus beau les mettre sur les voies, je ne pus réussir à leur arracher un seul mot sur le compte de mon compagnon de voyage. J'admirai ce flegme Hollandois : & quoique je connusse le caractère de cette nation qui parle peu, je ne pouvois pourtant m'imaginer que ces deux femelles eussent pu garder le silence, s'il y avoit eu du mystère entre elles & le jeune Cavalier.

Après m'être repu de cette idée, je

leur demandai ce qu'il leur falloit pour notre gîte ? La mère me répondit d'un grand flegme, qu'il n'étoit pas encore temps de compter, & que quand il seroit venu, elle vouloit m'apprendre qu'elle savoit payer un plaisir par un autre. Cette réponse me débouta en quelque façon des espérances que j'avois conçues. Je ne savois que penser d'un désintéressement si rare parmi les gens de cette espèce. Je sortis, pour me livrer à mes réflexions, dans une belle allée, qui n'étoit pas loin du logis : mais ne voyant goûte dans cette aventure, où l'amour jouoit un nouveau rôle, & qui m'étoit inconnu, je ne pûs me fixer à aucune décision.

Ayant rêvé mon soû, je retournai au logis, résolu d'apprendre, de quelque manière que ce pût être, le dessein de mon compagnon. Croyant le trouver encore au lit, je montai à notre chambre, & j'eus la malice d'examiner s'il n'avoit point été foulé, & s'il y avoit plus d'une place empreinte. Je n'y remarquai rien de tout ce que je pouvois soupçonner. Je descendis dans la cuisine, & je le trouvai en conversation muette avec la mère & la fille.

Il me parut qu'ils s'entendoient parfaitement bien, & qu'ils se répondoient juste à leurs idées & aux signes qu'ils se faisoient pour se les exprimer. Leur air & leurs manières me firent comprendre que je n'étois pas de trop. Je demeurai donc dans ce lieu, où je fus assez long-temps témoin de leur dialogue, dont les expressions nouvelles pour moi excitèrent à la fois mon attention & mon étonnement.

Quand ils se furent expliqués, la fille ayant passé dans une espèce d'office, en rapporta une copieuse tasse de chocolat, avec deux biscuits que la servante avoit préparé. La fille me demanda fort poliment si j'en souhaitois? Je la remerciai, & dès qu'il eut pris celui qu'on lui avoit présenté, il sortit avec moi pour aller voir ce qu'il y avoit de curieux dans cette ville. Je saisis l'occasion, & l'ayant prié de me parler ingénuement, je lui demandai ce qu'il prétendoit faire de cette créature ? Ma Divinité ! répondit-il d'un ton fort haut; & fut-elle créature dans le sens que vous l'entendez, je l'adorerai toute ma vie.

Ces manières auxquelles je ne m'attendois pas, réveillèrent mon ancienne sensibilité. Je lui repliquai que j'étois surpris d'une conduite si extraordinaire, & de l'air dont il recevoit mes remontrances, après la confiance qu'il m'avoit donnée. Il me repliqua, que malgré tout ce que je pouvois dire, j'avois tort de mettre mon doigt entre le marteau & l'enclume, & que l'amour n'étoit sujet à aucune loi, à aucune régle. Je trouve, reprit-il, l'occasion de me rendre heureux, faut-il que je sois assez ennemi de moi-même pour ne pas la mettre à profit ? Quant au ton que j'ai pris pour vous repliquer, mon amour l'autorise. Il ne peut qu'être choqué du terme peu ménagé dont vous vous êtes servi. Il choque également mon amour & la Divinité que j'adore. Tous vos avis sont inutiles, ajouta-t'il; l'amour m'a blessé du plus charmant de ses traits. Oseriez-vous vous flatter de pouvoir me guérir de la blessure qu'il m'a faite ?

Mais, lui repartis-je, vous pouvez fort bien me dire vos sentimens avec d'autres manières. Il m'interrompit, me repliquant du même ton, que si je n'étois pas content, il étoit homme à me contenter d'ailleurs. Le feu me montant au visage, je mis l'epée à la main, en le traitant de petit fot. Il me répondit en brave homme. Nous eûmes à peine le temps de nous mettre en posture, qu'il fut saisi par sa Belle, qui se trouva sur nos traces à point nommé. Il y a toute apparence qu'elle nous suivoit de près.

Je rengaînai mon épée, & je me retirai pour ne pas faire assembler une nombreuse populace, qui voyant mon ennemi entre les bras d'une fille de leur connoissance, m'auroit infailliblement immolé à l'amour de leur patriote. En passant un pont, je me retournai pour voir que deviendroit ce couple amoureux. Je les apperçus marchant à petit pas dans la rue qui menoit au logis. Elle lui avoit donné le bras sans façon, quoique cet usage ne soit pratiqué en Hollande qu'entre mari & femme. Je doute même qu'on l'approuvât entre des Amans solemnellement promis.

Il ne me restoit d'autre parti à prendre que de m'en revenir à la Haye. C'est celui que je pris à l'instant, abandonnant l'étourdi Cavalier à la conduite de son amour aveugle & précipité. Mais ne voulant pas perdre mon sac de voyage où j'avois mon plus beau linge, dont je n'étois pas trop bien fourni, je m'en allai chez l'Ecuyer de l'Académie de Leyde, avec qui j'étois ami. Je lui appris en gros mon aventure, & je le priai d'envoyer sa servante à l'auberge pour demander mon sac. Elle alla & revint fort vîte sans me l'apporter, disant qu'elle y avoit trouvé un jeune Cavalier, qui l'avoit chargée de me dire que je lui ferois plaisir de l'aller prendre moi-même, & que la belle *Mitie*, c'étoit le nom de la fille en question, lui avoit dit de me prier de sa part de venir au moins lui dire adieu. La prudence me défendant cette démarche, je renvoyai la servante pour leur dire de ma part, que trouvant un ami qui me ramenoit à la Haye dans son carrosse pour des affaires que nous avions ensemble, je ne pouvois absolument différer mon voyage. Cette fille s'acquitta de sa commission; elle me rapporta mon sac; & je partis, après avoir dîné avec mon ami & son épouse. Je les régalai de mon aventure dans toute son étendue. Elle les divertit pendant tout le dîner, & ils ne purent s'empêcher d'admirer ce coup extraordinaire du caprice de l'amour. Il est rare en effet d'en trouver des exemples.

De retour à la Haye, je n'eus point de plus grand empressement que d'en aller servir un plat, comme d'un fruit nouveau, aux personnes des deux sexes que je fréquentois. Tout le monde reçut mon histoire avec la même admiration. Elle fut bientôt divulguée, & l'on ne parla d'autre chose pendant quelques jours dans tous les cercles. La plupart de ceux qui l'entendirent s'empressoient de l'apprendre de ma bouche, & comme je n'en oubliois aucune circonstance, ils l'écoutoient avec une plus agréable surprise.

Quelque indifférente que me fût absolument cette aventure, je ne laissois pas d'être inquiet d'en savoir le dénouement. Je ne pouvois me dispenser de me décharger auprès des parens de cet étourdi, du soin qu'ils m'en avoient confié ; mais je ne voulois leur écrire qu'après avoir vu la fin de cette plaisante scène. Ne pouvant la voir de mes yeux, j'écrivis à l'Ecuyer de Leyde pour le prier de la suivre avec beaucoup d'attention, afin que je n'en perdisse pas la moindre circonstance.

Il fut auffi fidèle dans la relation qu'il m'en fit, qu'il avoit été exact fpectateur. Je reçus au bout de huit jours une lettre de fa part, où il me marquoit que la Belle *Mitie* étoit entre les bras de fon Amant, que le Magiftrat & le Miniftre avoient métamorphofé en époux, & que toute la ville de Leyde avoit admiré ce beau couple, que l'amour avoit uni d'une manière fi extraordinaire. Il ajouta, qu'il avoit appris de la mère qu'elle alloit en France avec fa fille, dans le pays de fon gendre, Cette circonftance me furprit un peu, & me fit prendre le parti d'écrire en termes ménagés, foit pour ne pas prévenir fes parens en mauvaife part contre la fille de peu de chofe qui entroit dans leur famille, foit encore pour ne point paffer moi-même pour un homme mal intentionné, s'ils venoient à donner leur approbation à ce mariage.

Je ne pèrdis pas de temps, & craignant que le Cavalier ne leur eut déjà écrit, je datai ma lettre du jour que je le menai à Leyde. J'efpérois que cette précaution me difculperoit dans l'efprit des perfonnes intéreffées, & fur-tout dans celui de mon

ami,

ami, qui me l'avoit si fort recommandé. Ma lettre n'étoit pas partie, que j'appris qu'ils devoient se mettre incessamment en chemin. Ils partirent en effet le sur-lendemain que ma lettre fut mise à la poste.

Trois semaines après leur départ, mon ami me fit réponse. Si j'avois été informé à temps que la mère de ce jeune Gentil-homme, qui étoit veuve, étoit d'une complaisance assez aveugle pour son fils, pour autoriser sa conduite quelle qu'elle fût, je ne me serois pas obligé de la contrecarrer. Je me reprochai même d'avoir pris trop vivement l'affirmative pour ses propres intérêts. Au reste, peut-être feront-ils meilleur ménage ensemble que s'ils se fussent vus long-temps. Hé ! qui sait si elle & lui s'étant unis avec d'autres, n'auroient pas mené une vie malheureuse u criminelle ? Tant il est vrai que les ariages sont écrits au Ciel, & qu'en s'opsant à ceux de cette nature, ou même plus mal assortis, on risque de s'opposer ses sages décrets. Cette maxime, ou ur dire mieux, ce principe incontesta-le n'est pourtant pas reçu dans le siècle résent. On n'en suit point d'autres que l'ambition & l'intérêt. Auſſi combien d'affreux déſordres ne s'en enſuivent-ils pas? Que la ſociété en ſeroit bien plus tranquille & plus heureuſe, ſi au lieu de forcer les perſonnes qui ne s'aiment point à s'unir enſemble, on ſe faiſoit un principe d'humanité & de religion de favoriſer l'union de celles qui s'aiment.

Je ne penſois plus à celle que l'amour avoit faite ſi bruſquement & d'une manière ſi extraordinaire, lorſque je reçus une ſeconde lettre de mon ami, où il me marquoit que le jeune homme, ſa femme & ſa belle-mère étoient arrivés en Touraine; & que la mère, charmée de ſa belle-fille, béniſſoit le Ciel de la lui avoir donnée. Il m'aſſuroit qu'elle étoit généralement aimée, & que toute la famille béniſſoit auſſi le Ciel d'avoir inſpiré au Cavalier d'aller en Hollande. Dans le fond, j'en étois bien aiſe. J'aurois été fâché d'apprendre qu'il eût été malheureux. J'étois ſeulement mortifié de n'avoir pas ſu le goût de ſes parens; je m'y ſerois conformé du meilleur de mon cœur. Cette aventure m'a rendu plus circonſpect; j'ai fait ſerment de regarder d'un œil indifférent la conduite la plus dérangée de mes propres amis dans le commerce amoureux, & de ne me mêler de ma vie de leurs amours ni de leurs amourettes, moins encore de leurs mariages. C'est le plus sûr parti qu'il y ait à prendre pour se se conserver leur amitié. Il faut si peu de de chose pour rompre ce qu'on appelle amitié dans notre siècle, qu'on ne sauroit être trop circonspect avec ses prétendus amis. Mais où les trouver, si l'on confronte leur conduite avec les règles de la vraie amitié ?

Ayant donc repris le train de ma solitude, je m'y félicitois en secret d'être sorti de cette affaire, sans qu'il m'en eût couté mon repos. Je repris mon Ouvrage, priant bien le Ciel d'éloigner tout ce qui pourroit m'en distraire. L'accomplissement de ce desir légitime suffisoit pour me rendre heureux ; mais je ne fus point exaucé. J'étois encore jeune; mes passions, & surtout celle que j'avois toujours eue pour les femmes, n'étoient pas encore mortifiées. Une Angloise que j'avois connue à Londres par occasion de voisinage, ralluma dans mon cœur un feu que j'y croyois éteint. Je me trompois ; il avoit seulement couvé sous les cendres de mes malheurs & de mes occupations. Aussi fit-il une irruption d'autant plus violente.

Elle se promenoit avec la fille de son hôtesse sur le Voorhaut, un jour que j'y avois borné ma promenade, pour ne pas me distraire long-temps de mon travail. Cette Demoiselle, sans être absolument belle, avoit tous les agrémens d'une beauté du premier ordre. Son esprit & ses manières rehaussoient les traits passables qui la formoient. Elle me vit, & sans garder aucune mesure, elle vint me joindre & m'embrasser. Je sentis dès ce moment le poison amoureux se glisser subtilement dans mon cœur. Je n'en aurois pas été surpris, si elle avoit été autrefois l'objet de ma passion, qui fut alors réveillée. Le tendre baiser qu'elle me donna à la façon de son pays, auroit été capable de produire cet effet, puisqu'il eut le pouvoir d'allumer un grand feu dans mon cœur. Mais je ne l'avois fréquentée que sur un pied d'estime, sans lui avoir jamais témoigné qu'une politesse générale.

Je débutai à l'ordinaire, lui marquant le plaisir que j'avois de la voir en bonne santé, & lui demandant depuis quand elle étoit en Hollande. J'appris qu'elle n'y étoit arrivée que la veille de cette maudite entrevue, que l'enfer toujours à mes trousses m'avoit procurée pour troubler ma tranquillité. Elle n'attendit point que je m'informasse où elle étoit logée: elle me prévint, & me donna son adresse; & pour mieux l'apprendre, je l'accompagnai dans son appartement. Ce fut-là que la pitié qu'elle m'excita, se joignant à l'amour qu'elle m'avoit fait naître, augmenta le feu qui me dévoroit.

L'histoire qu'elle me fit des malheurs de sa famille, me toucha. Je ne pouvois pourtant faire moins que d'écouter ses justes plaintes. Son père étoit Orfèvre à Londres. Les banqueroutes qu'il souffroit dérangèrent beaucoup ses affaires, plus encore sa pauvre cervelle. Il fut saisi d'un chagrin mortel, qui le mit bien vite au tombeau. La mère se voyant dénuée de tout son bien, le suivit de près. Un frère & elle étoient leurs enfans uniques. Il prit le parti, pour s'indemniser de son

K iij

patrimoine, d'aller tenter la fortune dans les Colonies Angloises. Triste reste de sa famille, elle aima mieux être le jouet de l'adversité ailleurs que dans sa patrie. Tout les pays du monde, dit-elle, m'étoient indifférens. Je n'avois d'autre dessein que de m'embarquer. J'entrai en effet dans le premier vaisseau que je vis prêt à partir, sans savoir où il alloit. C'est le sort qui m'a conduit ici ; c'est lui qui m'a conduite sous vos yeux. J'ai lieu de le bénir de ce dernier hasard, qui m'a fait rencontrer la seule personne que je connoisse hors de ma patrie. Je vous regarde, ajouta-t'elle, comme une ressource qui peut me tenir lieu de tout ce que j'ai perdu.

Pouvois-je n'être pas sensible à un récit si touchant ? J'avois trop senti les coups de la fortune, pour n'être pas attendri de ceux qu'elle porte aux autres. Mon cœur tendre d'ailleurs pour les objets aimables, étoit si fort disposé à l'aimer, qu'elle n'eut pas de peine à se faire plaindre. Après lui avoir donné des assurances d'amour & de pitié, je voulus savoir à quoi elle pourroit s'occuper à la Haye. Elle me répondit avec beaucoup de candeur, qu'elle y exerceroit tous ſes talens, pour ne pas tomber dans la miſère: je ſais coudre & broder, dit-elle; mais ne ſachant que la langue de ma nation, à qui pourrai-je me produire ? J'ai ſauvé à la vérité quelque débris du naufrage de ma famille, ajouta-t'elle; mais je prévois que ſi je puiſe toujours dans cette foible ſource, ſans lui joindre quelque ruiſſeau, elle tarira bientôt. Je me ſuis fait un magot d'environ cinquante ducats; voilà tout mon bien, & toutes mes eſpérances.

Cette ouverture exigeoit mes conſeils; je lui donnai ceux qui me parurent les plus plauſibles dans cette conjonĉture. Il faut, lui dis-je, que vous faſſiez un petit commerce de nipes galantes, propres aux Dames & aux Cavaliers. Vous êtes adroite de vos mains; vous pourrez aiſément imiter les modèles de toutes les ſortes que je vous ferai venir de Paris, & de cette façon vous trouverez le ſalaire de votre travail. J'ajoutai que je me donnerois des mouvemens pour l'achalander, & qu'elle étoit ſeule au monde capable de me faire violer la réſolution que j'avois prise de ne pas me répandre dans les compagnies.

Elle me remercia, avec des protestations d'une reconnoissance éternelle. Ce fut avec tant de graces, qu'elles me séduisirent jusqu'à lui jurer un amour constant & fidèle. J'ai bien aimé dans ma vie; mais mon amour ne fut jamais si violent & si sincère que pour l'aimable *Harders*; c'étoit le nom de cette charmante Angloise. Elle se mit aussi-tôt à même de mettre mes conseils en pratique. Elle commença à travailler à des bourses à perruque, à broder des nœuds d'épée, des mules, des souliers, des mouchoirs, & à se fournir d'autres galanteries à l'usage des deux sexes. Je furetai tant, qu'à la fin je lui trouvai une boutique & un appartement commode, qui faisoient partie d'une maison très-fort à sa bienséance. J'écrivis à Paris à une Marchande du Palais des mieux assorties, que j'avois connue autrefois. Je lui fis toucher l'argent que ma maîtresse me donna, & elle m'envoya sans différer tout ce qu'il y avoit de plus à la mode.

A peine fut-elle établie, que sa boutique fut étrennée par quantité de Dames & de Cavaliers; elle ne désempliſſoit pas de la journée, & la Marchande ſavoit parfaitement amuſer les Petits-Maîtres, qui étoient de vrais piliers. Pour moi, je n'y paroiſſois jamais de jour. Il étoit heureux pour moi de n'être pas obligé de lui donner un temps que j'employois au travail. Je lui avois avoué ma ſituation. Elle avoit approuvé les meſures que je voulois prendre pour tâcher de la rendre meilleure. Nous convînmes même qu'elle ne viendroit jamais chez moi, où elle pouvoit me voir de chez elle; mais je me dédommageois bien le ſoir. Dès que la nuit étoit cloſe, je me rendois dans ſa chambre, ſans jamais y manquer. Nous ſoupions toujours tête à tête, & nous paſſions la ſoirée enſemble avec un plaiſir digne d'envie.

Nos précautions avoient été priſes ſi juſtes, que j'aurois défié tous les Argus de découvrir notre intrigue amoureuſe. Nous avions dépaïſé les plus expérimentés. Aucun des jeunes gens qu'elle amuſoit le jour dans ſa boutique pour leur débiter ſes marchandiſes, ne pouvoit obtenir de la voir quand elle l'avoit fermée. En vain prenoient-ils le prétexte de vouloir acheter quelqu'un de ses ouvrages, elle leur répondoit d'un air enjoué, & toujours de sa fenêtre qu'elle avoit trop de probité pour leur vendre au flambeau des marchandises qui étoient aussi trompeuses à la clarté, que les Belles, dont tant d'Amans étoient les dupes. Ils se retiroient aussi mortifiés, qu'elle étoit satisfaite de mon assiduité, & nous nous divertissions à leurs dépens.

Je pris le train du Café, où quand l'occasion se présentoit, je parlois d'elle comme les autres. Mais elle mérite, concluois-je toujours, qu'on aille se niper chez elle. Outre qu'elle est assortie de tout ce qui est à la mode & de meilleur goût, c'est qu'elle n'est pas chère, & qu'on ne sauroit trop payer la bonne grace avec laquelle elle vend ses guenilles. Bien plus, j'affectois quand on en parloit d'un ton équivoque, d'enchérir sur les plus critiques. Il eut fallu être Diable, pour soupçonner que nous fussions de si bonne intelligence. Nos plaisirs étoient d'autant plus doux, que nous les dérobions à la connoissance de tout le monde. Cet avantage étoit un des plus agréables sujets dont nous nous entretenions avec le plus de satisfaction.

Mon travail, d'un côté, & le grand débit qu'elle faisoit de l'autre, nous mettoient au dessus de nos affaires. Nous menâmes deux ans cette charmante vie. Elle auroit même été de durée, si le destin n'en eût pas été jaloux. Pour ne perdre aucune occasion de me faire éprouver son courroux, il conduisit exprès à la Haye un Anglois qui s'en alloit aux Eaux de Spa, uniquement pour prendre part aux plaisirs qui y règnent dans la belle saison. Il avoit passé la mer avant le temps, pour faire quelque séjour en Hollande. Je le vis plusieurs fois au Café & au Bois. Nous liâmes amitié. Je l'adressai moi même chez la *Harders*, pour quelques nippes dont il vouloit faire provision. Je ne me défiai pas plus de lui que des autres étrangers dont je lui procurois les pratiques. Je n'oserois dire qu'il abusa de ma confiance, puisque je ne lui avois rien confié. Je ne dois m'en prendre qu'à mon malheureux sort, & à l'inconstance de ma Maîtresse que j'aimois uniquement. Combien de cuisans regrets n'ai-je pas eu de ne l'avoir pas épousée, comme elle m'en sollicitoit dans les tendres momens que nous passions ensemble ? Mal-à-propos différois-je toujours, je ne sais pour quels égards. J'attendois que les œufs du merle fussent éclos, mais cet heureux Anglois les dénicha, sans que j'aie eu lieu d'en concevoir le moindre soupçon.

Un jour que je le rencontrai dans l'allée de Scheveling, il me proposa d'aller prendre l'air de la mer. Le jour étoit beau, & d'ailleurs ne me trouvant pas fort disposé au travail, nous y allâmes ensemble. Après nous être assez long-temps entretenus de choses indifférentes, il me parla d'une conquête qu'il avoit dessein de faire à la Haye avant d'en sortir. Il me fit un portrait si beau, mais en même-temps si général de l'objet qui l'avoit charmé, que je n'y reconnus point ma chère Maîtresse. Encore s'il eût nommé son pays, s'il fût entré dans le détail de ses traits, de ses manières, de ses qualités de l'esprit, peut-être aurois-je pu prévenir le coup qui m'a si cruellement frappé. Mais non, il la difoit belle au poffible, & elle ne l'étoit point. Il lui trouvoit une charmante modeftie, & ce n'étoit pas là fon bel endroit. Elle lui paroiffoit toute jeune, & elle étoit au moins dans fon fixième luftre. Comment aurois-je pu la reconnoître à des traits fi peu fidèles ? Tout autre que moi s'y feroit mépris. Euffai-je eu cent grains de jaloufie dans la tête, mille preffentimens dans le cœur, je ne pouvois fonder aucun foupçon contre fa fidélité. Les tendres preuves qu'elle m'en avoit données, ne m'auroient jamais pu permettre de la croire capable de changer. Elle avoit autant de raifons à être conftante, que j'en avais moi-même à être tranquille.

Il pouffa plus loin, & il m'avoua qu'il e pouvoit la réfoudre à le fuivre en Anleterre, pour laquelle elle avoit une épugnance infurmontable. Ciel ! s'il eût dit qu'elle étoit Angloife, j'aurois u rompre toutes fes mefures. Mais loin e penfer à ménager mes intérêts, que je e croyois pas léfés, je lui donnai des onfeils qui leur étoient entiérement opfés. Je ne fais s'il en profita ; mais me souvient très-bien qu'il m'en remercia dans la dernière conversation que nous avons eue ensemble. Ce qu'il y a de singulier dans ma planette, c'est que je rendis compte le même soir à la dissimulée *Harders* de l'embarras où se trouvoit son Amant, sans qu'il parut aucune altération sur son visage & dans ses manières. Elle en rit avec moi de tout son cœur; car tranquilles dans nos amours, les inquiétudes des malheureux Amans nous divertissoient; nous insultions pour ainsi dire à à leur malheur. Je ne sais si elle en sera punie quelque jour; mais j'éprouve encore les peines que mérite une si grande inhumanité. Rien ne me les rend plus supportables que la persuasion où je suis que je souffre pour des fautes qu'on peut appeller des crimes, dont je me suis mille fois rendu coupable.

Je n'avois jamais trouvé ma maîtresse si enjouée que la veille du jour qu'elle disparut. Elle me fit plus de caresses que je n'en avoit encore éprouvé; & comme si elle eût voulu me dédommager de la perte que j'allois faire de son cœur, elle me mit en folâtrant une bourse de cinquante guinées dans la poche de mon habit. Cette générosité, qu'on peut nommer Angloise, me la fait encore regretter : & peut-être l'aurois-je d'abord oubliée avec un mépris infini, si elle n'avoit pas fait cette action, que je crois inouie.

Quoiqu'il en soit, ne la voyant jamais de jour, je lui donnois beau jeu pour me trahir & pour déménager à mon insu. Son hôtesse sachant que je la voyois tous les jours, croyant même que j'étois secrétement marié avec elle, ne m'avoit jamais parlé des mesures qu'elle prenoit depuis huit jours pour quitter la Haye; elle l'inféroit de la vente qu'elle lui avoit fait des meubles de son appartement & de sa boutique. Cependant je ne savois à quoi attribuer les politesses extraordinaires que j'en reçus en sortant de sa maison. Elle vint à la porte, contre son ordinaire, pour la fermer sur moi. Je vous souhaite, dit-elle, la continuation de votre prospérité. A demain, ajouta-t'elle, en me donnant le bon soir. Qui Diable auroit pu ôter de ces notions?

En voici bien une autre. M'étant levé lendemain avec une grande foiblesse d'estomach, je m'imaginai qu'une tasse de de chocolat pourroit me fortifier. Je fus pour cet effet au Café, où je contentai mon envie, & peut-être mes besoins. Mon Anglois, qui y étoit avant moi, me joignit, & me parlant assez bas: je vous quitte aujourd'hui, me dit-il; ma belle s'est laissée fléchir; elle me suit avec autant de plaisir qu'elle a eu de peine à s'y résoudre. Je vous dis adieu, ajouta-t'il en m'embrassant; je pars comblé de plaisir & de joie. Je lui répondis, que j'en étois charmé, & que je le serois bien plus, si j'avois trouvé l'occasion de contribuer à sa félicité. Vos conseils m'ont été si utiles, repartit-il; je vous en suis très-obligé. Je souhaiterois vous rencontrer Londres, ou ailleurs, pour vous en té- moigner ma reconnoissance. Adieu, re- prit-il, je vais tout disposer pour notre départ.

Quelqu'autre, plus curieux & moins discret que moi, auroit saisi l'occasion d'apprendre qui étoit la Beauté qui se je- toit entre ses bras; mais je n'y fis nulle attention. Me trouvant heureux de posséder la *Harders*, je m'embarrassois peu de la félicité des autres. Je retournai chez moi aussi tranquille que j'en étois sorti. Je doute fort que qui que ce soit à ma place eût profité des indices qu'on me donnoit de la perte que je fis de ma maîtresse, avec qui je comptois fermement passer heureusement le reste de mes jours. Je n'aurois jamais pensé à la perdre d'aucune manière, & moins encore sans lui en avoir donné aucun sujet, & dans un temps où elle me marquoit le plus de tendresse & de fidélité.

Arrivant dans ma chambre, je me mis au travail, que je continuai jusqu'au dîner, qu'on m'apportoit chez moi ; & après dîner je repris mon ouvrage jusqu'à la nuit. Dès que l'obscurité fut assez grande, je sortis à mon ordinaire pour aller souper avec ma maîtresse. Son hôtesse m'ayant ouvert la porte, parut fort étonnée de me voir ; elle auroit juré que j'étois parti avec sa locataire. Hélas ! dit-elle, je m'attendois à ne plus vous revoir de ma vie. Surpris de ce compliment, je lui en demandai la raison, & si elle avoit donné ordre à quelqu'un de me tuer ? Non vraiment, dit-elle, je payerois plutôt pour contribuer à la conservation de vos jours ; mais je croyois que vous étiez parti avec Mademoiselle *Harders*.

Un coup de foudre ne m'auroit pas rendu plus immobile que cette nouvelle ; mes sens & toutes les facultés de mon ame se bouleversèrent en ce moment. Cependant tout offusqué que fût mon esprit, je ne laissai pas de rappeller tout ce qui m'avoit été dit par cette bonne Dame & par mon heureux Rival. Je me reprochois, mais sans raison, de n'avoir pas profité de tous les indices que j'avois eu de mon malheur. Cette réflexion étant interrompue par les vapeurs qui s'élevèrent à ma tête, & par une palpitation de cœur, dont la violence & la durée faillirent à me tuer, je fus saisi d'une si grande foiblesse, que cette bonne Dame & sa servante eurent beaucoup de peine à m'en rappeller. Je revins enfin, graces à leur secours, & après les en avoir remerciées, je priai la Dame de s'expliqu plus clairement, l'assurant que je ne comprenois rien à ce qu'elle m'avoit voulu dire.

Elle ne tarda pas à me tirer d'inquiétude. J'appris que la *Harders* avoit pris ses mesures pour son départ plus de huit jours avant qu'elle partit, & qu'elle lui avoit dit en confidence, qu'étant mon épouse, elle ne pouvoit se dispenser de suivre mon sort. Elle m'a fait entendre, reprit-elle, que Mr. votre père étant mort, vous deviez aller en France en recueillir l'hérédité, & que selon toutes les apparences vous y feriez tous deux votre séjour. Ah! l'ingrate, l'infidèle! m'écriai-je. Elle est donc partie? repris-je. Assurément, repartit-elle. Un fiacre l'est venu prendre ce matin à dix heures; & n'ayant vu personne dans le carrosse, nous avons cru qu'il venoit de votre part. Ciel, quelle trahison! m'écriai-je encore. La bonne femme qui comprit que je ne savois rien du tout, fut à son tour aussi étonnée que je l'avois été d'abord. L'horeur de cette perfidie, dont elle fut subitement frappée, lui causa une émotion qu'elle ne pouvoit calmer. Un peu plus tranquille, elle me demanda s'il étoit vrai que mon épouse m'eût ainsi abandonné. É non, lui dis-je, Madame; elle n'étoit pas encore ma femme, mais elle devoit l'être bientôt. Je sais tout présentement, lui dis-je, & trop tard à la vérité, & si vous m'eussiez parlé plus clairement hier au soir, vous m'auriez mis en état de rompre ses mesures. Je connois l'Anglois qu'elle a suivi. Il m'a lui-même communiqué son dessein, sans me nommer la Demoiselle, qu'il ne pouvoit aisément séduire ; & c'est par mes maudits conseils qu'il a réussi. Dieux ! repris-je ; serai-je donc toujours le malheureux objet votre courroux ! Cette femme me voyant accablé de chagrin, s'efforça de me consoler. Tout ce qu'elle me disoit m'étoit à charge, je n'étois susceptible d'aucune consolation.

Cette maison où j'avois passé de si agréables momens, m'étant devenue affreuse, je pris congé, & m'étant retiré chez moi, je m'y livrai aux réflexions éprouvantes que me présentoit naturellement cette aventure. Elle me réduisit à un état plus déplorable, que n'avoit fait aucune traverse de ma vie. On n'aura pas de peine croire que mon sommeil ne fut pas si tranquille. Il est difficile de ne pas sent quelque temps les coups qui portent au cœur. Je me levai au point du jour, accablé de la mauvaise nuit que j'avois passée.

[N]e me trouvant pas en état de trava[i]ller, [j']allai me promener au Bois, pour tâcher de me distraire de mon chagrin.

Il me prit fantaisie de changer d'habit, & de reprendre celui que j'avois quitté [la] veille. En le mettant, je sentis dans ma [po]che un poids extraordinaire. C'étoit celle où je mettois uniquement mon mouchoir. [Y] ayant mis la main, j'en retirai une [b]ourse que je reconnus appartenir à la [M]ardens. Je l'ouvris, & j'y trouvai cinquante guinées. C'étoit assurément un présent qu'elle me faisoit aux dépens de son [n]ouvel amant; car je savois parfaitement [b]ien que la veille elle n'avoit pas plus de [q]uatre de ces espèces, & que l'argent qui [ét]oit dans son armoire consistoit en ducats [&] en espèces d'argent.

Après bien des réflexions sur cette [a]venture, je me souvins qu'elle m'avoit [e]mbrassé plusieurs fois la veille de son dé[p]art, & je conclus qu'elle s'étoit servie de [c]e temps-là pour me glisser sa bourse dans [ma] poche. C'étoit un reste de bon cœur pour moi. Elle voulut me donner par-là une preuve de sa reconnoissanc pour tout ce que j'avois fait pour elle. Mais l'amour, & sur-tout un amour aussi tendre que le mien, ne se paie pas de cette monnoie. Tout l'or du monde ne m'auroit pas indemnisé du vol qui m'étoit fait de son cœur, & dont elle étoit complice. Cependant cette générosité apparente, qui m'occupa quelques instans, suspendit mon chagrin. Il en fut beaucoup moins sensible, quand il me reprit, pour ne se dissiper qu'avec le temps, qui étoit seul capable d'y passer l'éponge. L'avantage que je retirai de cette perfidie, fut la résolution que je pris de ne voir de ma vie aucune femme sur le pied de maitresse. Je ne lui ai donné jusqu'ici aucune atteinte. Les principes que je me fis dès-lors d'insensible misanthropie, m'ont rendu ferme & constant.

Je fus assez long-temps fort dérangé. Si je m'appliquois à mon Ouvrage, le souvenir de la *Harders* interrompoit le cours de ma plume; il me le falloit absolument quitter pour chercher à me distraire de cet objet perfide. Je ne sais si la terrible révolution qui s'étoit faite dans mon sang, ne me renouvella point mes anciens maux; mais je ne doutai pas qu'elle n'y eût beaucoup contribué. J'en eus quelque atteinte, en conversant un jour avec l'hôtesse de la *Harders* : & comme s'il eût été encore temps de prévenir la perfidie qui m'étoit faite, je priai cette bonne femme de m'avouer si elle n'avoit pas vu quelque Cavalier assidu auprès de sa perfide locataire. Elle me dit avec beaucoup de naïveté, que depuis environ un mois elle avoit remarqué un Cavalier, qui la voyoit au moins trois fois le jour. Si j'eusse entendu l'Anglois, ajouta-t'elle, ils parloient ensemble assez haut pour que je n'ignorasse rien de tout ce qu'ils disoient. Je la priai de me faire le portrait de cet homme. Elle me le fit si au naturel, que j'y reconnus le rival que je n'aurois jamais cru heureux aux dépens de mon repos.

Ne doutant donc plus que mon ingrate maîtresse ne fût entre ses bras, j'eus une inquiétude de moins. Les incommodités qui se faisoient déjà sentir, partageant mes tristes réflexions, j'en fus moins accablé. Je commençai à regarder la bourse qu'elle

m'avoit laissée, comme une ressource, dans le dessein où j'étois de me faire traiter au plutôt. Je m'imaginai ne pouvoir mieux réussir, qu'en m'en allant à Leyde. Cette ville où il y a une Académie florissante, s'est rendue célèbre dans l'Europe par son Collége de Médecine. Le savant Boerhave, un des plus grands Docteurs de son siècle, qui y professoit cet art divin, y attiroit de toutes parts des disciples. Telle étoit la réputation de cet habile Professeur, que si quelque jeune Médecin après avoir pris ses degrés sous ses auspices, s'en retournoit dans son pays, il étoit aussi-tôt regardé comme le plus expert. C'étoit du moins le préjugé de l'Allemagne, de la Suéde, de la Pologne, de la Hongrie, de la Bohême, des Pays-Bas, de l'Angleterre, & de plusieurs autres Nations. Cependant beaucoup de connoisseurs n'en ont pas approuvé le fondement. Le Sr. Boerhave étoit si profond dans la théorie de la Médecine, qu'il étoit très-propre à donner d'excellens principes. Mais sa pratique n'y répondoit pas. Il prescrivoit ordinairement des remèdes si foibles & si peu actifs, qu'ils n'étoient pas
plus

plus capables de combattre les maladies auxquelles il les appliquoit, qu'un pot de terre est propre à briser un pot de fer. Qu'on consulte les gens du métier. S'ils sont de bonne-foi, ils avoueront que la réputation parmi eux tient lieu de mérite.

Quoiqu'il en soit, je consultai ce grand homme. Il me conseilla de me mettre entre les mains d'un Chirurgien de Leyde, qu'il me donna pour expérimenté. Je suivis son avis, & je ne m'en trouvai pas mieux. Je me suis accoutumé à la vie languissante que je mène. Je tâcherai pourtant de n'en point précipiter la fin. La parque en coupera la trame, quand elle voudra bien me regarder d'un œil favorable. Je m'en retournai à la Haye pour reprendre mon Ouvrage, autant que ma santé chancelante pouvoit me le permettre. Ce gracieux séjour, qui avoit auparavant fait mes plus chères délices, me devint insupportable par le souvenir qu'elle m'occasionnoit de ma félicité passée. Ne pouvant plus y tenir, je pris la résolution d'en sortir, sans me déterminer pour aucune autre.

Le hasard y suppléa. Un ami, à qui je

fis part de mes irréfolutions, m'offrit de me donner des lettres de recommandation pour le Marquis *Damis*, qui demeuroit depuis quelque temps au Bois de Harlem, dans une maifon qui avoit appartenu au feu Margrave de Bade-Dourlach, & que ce Prince lui avoit donnée. Je connoiffois le Marquis de réputation : les différens rôles qu'il a joué dans le monde, le brillant avec lequel il a paru dans les plus belles Cours de l'Europe, le haut & le bas de fa vie, & mille anecdotes furprenantes, l'ont rendu un fujet d'admiration aux grands & aux petits. Pour moi, je n'en ai point été la dupe. Je l'ai regardé comme un homme très-verfé dans l'art d'en impofer. Il a joué bien du monde, de tout fexe, de toute condition ; & il a été lui-même le jouet de la fortune.

Quoiqu'il en foit, j'acceptai l'offre de mon ami, & je partis pour Harlem. Auffi-tôt que le Marquis eut lu la Lettre que je lui préfentai, il me fit mille politeffes, & m'engagea même à paffer quelques jours chez lui. Nous les employâmes à former mille projets, la plupart plus aifés à imaginer qu'à exécuter. Celui auquel nous

nous arrêtâmes, fut d'écrire les *Mémoires* de sa vie. Il fut conclu qu'il en fourniroit le canevas, & que je leur donnerois la forme convenable. Nous partîmes pour Amsterdam, où l'ami qui m'avoit autrefois procuré la traduction de la *Physique Sacrée* s'étoit établi Libraire depuis quelque-temps. Nous lui proposâmes les *Mémoires* du Marquis; il les accepta, sans balancer, & sur le champ nous mîmes la main à l'œuvre. J'en écrivis quelques feuilles, que le Libraire me paya grassement. Mais cette ressource, qui auroit pu me faire subsister plusieurs années, me fut bientôt ôtée; & voici comment.

J'avois donné de bonne-foi dans le projet du Marquis; mais pour lui, il avoit d'autres vues. Il s'étoit arrêté en Hollande, dans l'espérance d'y raccommoder sa fortune délabrée; mais en attendant une occasion favorable, il falloit vivre. Il connoissoit depuis long-temps le Libraire dont j'ai parlé, & sur l'idée qu'il s'étoit fait de son caractère, il eut cru qu'en lui proposant ses *Mémoires*, il en pourroit tirer mille petits secours, que sa situation pressante lui rendoit nécessaires; bien ré-

L ij

solu de faire traîner le plus qu'il pourroit la composition de cet Ouvrage, & de ne jamais permettre qu'il vit le jour. Lorsqu'il vit donc que mon travail avançoit, & qu'il y auroit bientôt de quoi faire le premier Tome, il se plaignit à à son Libraire, du tour romanesque que je donnois, disoit-il, à ses *Mémoires*; & ajouta, qu'il ne consentiroit jamais qu'ils parussent dans cet état. Le Libraire, qui avoit intérêt de le ménager, m'annonça cette fâcheuse nouvelle, & me pria de trouver bon qu'il employât une autre plume. Il fallut y consentir. L'Ouvrage fut remis entre les mains d'un autre, qui ne tarda pas à lui donner la forme que le Marquis demandoit. Il fut obligé d'en convenir lui-même ; & ne sachant plus comment faire pour en différer l'impression, il demanda le Manuscrit pour quelques jours, sous prétexte d'y faire des additions essentielles. Le Libraire ne put le lui refuser; mais il ne lui a jamais été possible de le retirer de ses mains ; & voyant enfin que le Marquis ne cherchoit qu'à le duper, il lui en dit naturellement sa pensée, & rompit avec lui sans retour : trop heureux d'en être quitte à si bon marché.

Au reste, je dois avertir qu'il ne faut point confondre les *Mémoires* dont je viens de parler, avec un *Roman*, qui a paru sous le titre de *Mémoires du Signor Fioraventi, connu sous le nom de Marquis Damis*. Quoique le titre porte qu'ils sont *écrits par lui-même*, il est certain que le Marquis Damis n'y a pas eu la moindre part, & que l'Auteur, quel qu'il soit, ignore jusqu'au Pays, jusqu'au nom même de celui dont il prétend donner l'histoire.

Le compliment du Libraire chagrina cruellement le Marquis, d'autant plus que les autres ressources commençoient à lui manquer. Le pauvre Diable s'est évertué par toutes sortes d'inventions à gagner de l'argent. Il fait des tables d'une composition qui imite le jaspe ; il a fait des chandelles dont on ne coupe jamais le moucheron ; il a vendu des secrets qui se sont trouvés peu fideles. Tous ses efforts ont été inutiles. Ne pouvant plus en imposer à personne en Hollande, il est allé en Allemagne pour y chercher des dupes ;

mais je doute fort qu'il en trouve, après les impressions qu'il y a laissées dans l'esprit de tout le monde.

Ce contre-temps, que je ne pouvois prévoir, dérangea un peu mes affaires. Je me trouvai sans ouvrage, & par conséquent obligé d'être sur mes crochets. J'avois jusqu'alors toujours fait la guerre sur le terrein d'autrui. J'avois été assez sage pour ménager l'argent que m'avoit donné mon infidèle, pour le salaire de mon amour. Bien me valut ; car en vérité j'en eus besoin. Cependant étant accoutumé au travail, je m'ennuyois d'être sans occupation. Je n'étois point au rang des Auteurs; mon nom n'avoit paru à la tête d'aucun Ouvrage : comment les Libraires m'auroient-ils déterré pour m'employer ? Aurois-je même osé leur demander du travail, n'étant absolument connu d'aucun ?

N'ayant donc rien de mieux à faire, je commençai ces *Mémoires*, auxquels je ne travaillois qu'à bâtons rompus. Mon dessein n'étoit pas même de les rendre publics, & je doute qu'ils eussent jamais vu le jour, si certaines personnes que j'honore & à qui je me dois tout entier, ne m'y avoient point déterminé. Je suis véritablement mortifié que les aventures que je lui présente soient presque toutes sinistres & attristantes. Je ne serois pas dans la situation où je me trouve, si je n'en avois eu que d'égayantes & capables d'amuser. Je les offrirois au lecteur, avec autant de confiance qu'elles lui feroient passer quelque agréable quart-d'heure, que j'ai de certitude que celles que je lui offre exciteront sa pitié.

L'histoire de ma vie me prenant beaucoup moins de temps que n'en auroit exigé un Ouvrage dont j'aurois été chargé par un Libraire, j'en donnois beaucoup à la promenade & à d'autres plaisirs innocens. J'allois souvent à la Bourse, pour y avoir des preuves authentiques de l'avidité des hommes pour les richesses. Le remue-ménage que j'y voyois ne servoit qu'à m'inspirer du mépris pour les richesses, & à me dégoûter de la vie tumultueuse qu'on mène dans les Villes où le commerce est florissant....

J'étois un jour assis au milieu du bruit que font en ce lieu les Négocians, livré à mes réflexions, quand un étranger vint s'asseoir à mon côté. Il me salua très-poliment, & je lui répondis du même ton. C'étoit un bon Bourgeois d'Aix-la-Chapelle, que la curiosité avoit conduit en Hollande. Il n'y avoit que deux jours qu'il étoit arrivé à Amsterdam, où il ne connoissoit personne. L'air étranger qu'il me trouva, l'attira de mon côté. Il avoit jugé que j'étois François, & le préjugé où il étoit en faveur de ma nation, lui avoit inspiré de me joindre. Je me fis un point d'honneur de l'y confirmer, & il ne m'eut pas plutôt appris qu'il ne connoissoit personne dans cette ville, que je lui offris ma compagnie. Il l'accepta, disant qu'il n'étoit pas assez ennemi de lui-même pour la refuser.

Sortant de la Bourse, je le priai à dîner à mon auberge, où je le traitai avec franchise, n'ayant fait que doubler ma portion. Il en fut plus content, que si je m'étois mis en frais pour faire servir un dîner délicat & somptueux. C'est ainsi, me dit-il, qu'il faut vivre, quand on veut se voir souvent & sans contrainte. Son humeur sympatisoit fort avec la mienne.

Cette conformité lia d'abord entre nous un amitié sincère. Je lui donnois tous les jours l'après-dînée entière, & souvent une bonne partie de la matinée. Nous mangions ensemble, ou dans son auberge ou dans la mienne: en un mot, nous ne nous quittions presque pas.

La pâleur de mon visage lui donna lieu de me demander, comme nous nous promenions ensemble, si je relevois de maladie? Je lui répondis que je m'estimerois heureux d'en relever, mais que je n'avois point cette espérance. Je suis continuellement incommodé depuis quelque-temps, lui dis-je; j'ai beau faire usage de tout ce qu'on me prescrit pour combatre mon mal, je n'en reçois que de foibles soulagemens. Vous savez, me dit-il, que nos Eaux d'Aix sont merveilleuses contre les maladies de langueur; je ne doute pas qu'elles ne vous fissent du bien si vous veniez les boire sur le lieu. Je vous offre ma maison, ajouta-t'il; j'y suis maître, à moins que vous ne veuilliez en disposer. Cette politesse qui m'étoit faite de bon cœur, me tenta. Il n'est point d'offre qu'un malade n'accepte, lorsqu'il la croit favorable à sa santé. Il est naturel de soulager ses maux quand on en trouve l'occasion.

Celle-ci étoit trop belle pour m'y refuser : je le pris au mot, sans aucune minauderie. Ma franchise lui plût, & nous partîmes. Je ne vis jamais d'homme qui eut le cœur mieux placé. Il eut pour moi des attentions infinies. Son caractère généreux ne put souffrir qu'il m'en coutât un sol dans ce voyage. Je fus témoin, entre Maſtricht & Aix, d'une des plus plaisantes saillies qui puisse sortir de l'esprit de l'homme. Nous rencontrâmes un Cavalier que mon compagnon connoissoit. Il faisoit notre route; il se joignit à nous, & après les complimens ordinaires, il nous entretint des affaires du temps. Cette conversation, où il parla avec autant d'esprit que de vivacité, ne fut interrompue que quand nous arrivâmes à un carrefour à une lieue d'Aix, ou des Miſſionnaires avoient planté une très-grande Croix, avec un crucifix proportionné. Notre Cavalier y jetant les yeux, rompit son discours pour nous dire, qu'il étoit fâché qu'un de ses ancêtres eut si fort maltraité cet honnête Gentilhomme, en parlant du Messie. Cette idée, après m'avoir fait rire, m'en fit naître une, qu'il falloit que cet homme-là fût entiché de sa noblesse, puisqu'il prenoit occasion de nous insinuer que ses aïeux vivoient sous l'ancien Testament.

Je ne me trompai pas. Etant arrivé à Aix, il prit congé & nous quitta. Il me tardoit qu'il nous eût laissé libres. Profitant du moment; qui est cet homme-là ? demandai-je à mon compagnon. Il m'apprit que c'étoit un Gentilhomme, qui faisoit son séjour dans un Château à une lieue de cette ville. Il s'appelle le Baron *de Ponce*, me dit-il; son entêtement est qu'il descend de mâle en mâle, sans interruption, de *Ponce-Pilate*; & ce qu'il y a de vrai, c'est qu'il a une généalogie très-curieuse, en bonne & due forme, & qu'elle est soutenue de Contrats & d'Actes qui prouvent qu'il est né en ligne droite de parens, qui ont pris successivement naissance de ce Préfet du Prétoire, qui alla s'établir à Vienne en Dauphiné. Il est certain que sa famille est sortie de ce pays-là pour venir s'établir dans celui-ci, & qu'il y a plus de douze cens ans qu'elle s'y soutient ; mais je ne sais si les Chartres qu'on produit sont bien authentiques.

Cette prétendue généalogie me fit beaucoup moins d'impression, que la saillie du Gentilhomme qui la produisoit. J'étois accoutumé en France à voir une si prodigieuse quantité de Houbreaux infatués de leur vaine noblesse, qu'une si fade ambition ne me touchoit point ; mais je n'avois jamais oui de fanfaronnade si outrée que celle-ci. Elle me divertit, & m'inspira en même-temps du mépris pour la tête fêlée qui l'avoit conçue. Mon compagnon de voyage, que je nommerai mon ami, avec beaucoup de raison, donna dans mon sens.

A notre arrivée il me conduisit dans l'appartement qu'il m'avoit destiné, & après m'avoir dit obligeamment que je devois me regarder comme chez moi, il me pria de l'occuper, jusqu'à ce que ma santé fût entiérement rétablie. Il pria de ses amis à souper pour me faire compagnie. Ses caresses étoient si sincères, & ses manières si cordiales, que j'en fus pénétré de reconnoissance. Tant il est vrai que le hasard procure plus souvent de vrais amis, que tous les ménagemens dont on use pour s'en faire & pour les conserver.

Son premier soin fut de me mener le lendemain chez le plus fameux Médecin du lieu, que je consultai sur ma santé chancelante, sans lui cacher rien de tout ce qui l'avoit altérée. Il me parla en homme d'expérience & de probité. Il me détourna du dessein que j'avois de boire les eaux & de prendre les bains, dont il me dit que l'usage me seroit pernicieux, & peut-être funeste. Je fus attristé d'avoir fait un voyage inutile pour ma convalescence, quoique je m'en trouvasse bien mieux que de la vie sédentaire que je menois en Hollande. Les mouvemens que je m'étois donné, l'agitation des voitures, le changement d'air, m'avoient donné de la couleur & des forces. Mes incommodités me donnèrent quelque répit, & je repris mon ancien enjouement. Je ne manquois pas d'occasions propres à le cultiver. On vit dans cette ville avec une grande liberté. Le grand nombre d'Étrangers qui s'y rendent, s'y fréquentent aussi familièrement que s'ils s'étoient connus toute la vie. La nature & l'humanité y reprennent leurs droits; personne ne se contraint; tout le monde y agit avec un franchise & une cordialité digne des heureux siècles que le nôtre ne daigne pas imiter.

J'y passai quinze jours aussi agréables que j'en eusse passé de ma vie; j'y trouvai mon élément. Les conversations familières, les promenades, le jeu, le bal, le spectacle, le doux commerce de la table; tout cela me faisoit renaître, pour ainsi dire. J'oubliai mon ancienne misère, & tous mes maux passés. Aix étoit pour moi un nouveau monde. Ce n'étoit pourtant pas la vie éternelle; je n'étois point chez moi; & quoique je ne parusse pas être à charge à mon généreux ami, mon cœur me le faisoit craindre, & je ne pus lui résister. L'occasion se présenta de le satisfaire. Un Seigneur Anglois avec qui j'avois fait connoissance, m'offrit, avec beaucoup d'instances, une place dans sa chaise. Il étoit venu par Calais, & s'en retournoit par Rotterdam. Je l'acceptai; je partis avec lui, laissant mon ami véritablement touché de notre séparation. J'en sentis toute l'amertume; mais je n'étois pas assez heureux pour que l'aimable ville d'Aix fût destinée à être mon séjour.

Nous prîmes la route d'Utrecht, & nous la fîmes fort heureusement, avec beaucoup de plaisir, & par le plus beau temps du monde, qui y ajouta un nouvel agrément. Milord *Derby* que j'accompagnois, étoit un homme d'esprit & de bonne façon. Il s'y prit de si bonne grace pour me demander par quel sort je faisois mon séjour en Hollande, que j'aurois cru manquer à la franchise que je devois à la sienne, si je n'eusse pas satisfait sa généreuse curiosité. Je lui fis le plan de ma vie, sans lui en cacher aucune circonstance. Il fut touché de mes malheurs. Non-seulement il me plaignit, mais il me plaignit efficacement. Je ne pus me dispenser, quelque résistance que je fisse à ses offres, d'accepter le présent qu'il me fit. Il m'engagea à recevoir une montre de son pays, qu'il avoit mis dans une bourse avec trente guinées. Ce présent étoit considérable des deux côtés, & pour Milord, qui avoit perdu beaucoup d'argent à Aix, & pour moi qui en avoit très-peu. Ses affaires exigeant qu'il se rendît à Rotterdam, il me quitta à Utrecht, où ma belle humeur commença à se ralentir.

Je ne laissai pas d'y séjourner huit jours, sans y avoir néanmoins aucune connoissance. Cette belle ville me plaisoit infiniment, & je voulus profiter de l'occasion pour la voir & pour en visiter les dehors, qui sont des plus amusans. Me promenant un jour dans un endroit assez écarté, je vis une femme qui se promenoit seule à quelques pas de moi. Je me rappellai l'avoir déjà vue plusieurs fois. Elle logeoit dans un appartement vis-à-vis du mien, de sorte que je ne pouvois pas mettre la tête à la fenêtre que je ne l'apçusse. Je me doutois bien qu'elle m'avoit remarqué plusieurs fois, & elle me le confirma dans la conversation que nous eûmes ensemble. Monsieur me paroît triste, me dit-elle, quoique, si sa phisionomie ne me trompe pas, je doive croire qu'il est d'une humeur enjouée.

Je lui répondis que j'éprouvois le sort des Etrangers, dont la vivacité étoit réprimée par l'air qu'on respiroit dans ce climat. Il est vrai, reprit-elle, que l'hupreſſion de l'air produit cet effet ; mais il n'eſt pas certainement la cauſe de l'humeur ſombre qui vous domine. Il y en a quelque autre, à laquelle je penſe qu'elle doit être attribuée ; vous avez aſſurément quelque chagrin. A la manière dont elle jugeoit de ma ſituation, je n'eus pas de peine à croire qu'elle étoit bonne phyſionomiſte ; & voulant rendre juſtice à ſon diſcernement, je lui avouai que le chagrin ne me quittoit pas plus que mon ombre. Elle me témoigna y prendre part, & me dit fort gracieuſement qu'elle ſouhaiteroit pouvoir contribuer à le faire finir. Sa politeſſe me conſola, & mérita une gracieuſe réponſe de ma part.

A juger de ſon âge, par ſon embonpoint & par les traits de ſon viſage, on lui auroit donné quarante ans, ou environ. Elle avoit le teint beau, la taille régulière ; ſon port étoit noble & impoſant ; les graces accompagnoient ſes diſcours & ſes manières. Je pris beaucoup de plaiſir à ſa converſation. Nous nous fîmes réciproquement pluſieurs queſtions, qu'une innocente curioſité inſpire en pareille occaſion. Nous nous trouvâmes de la même Province, & néanmoins à trente lieues l'un de l'autre. Le titre de compatriote autorisa notre connoissance, & nous la liâmes avec d'autant plus de plaisir, que nous allions résider dans la même ville. Elle devoit partir le lendemain. N'ayant rien qui me retint à Utrecht, je lui dis que j'aurois l'honneur de lui faire compagnie. Elle en eut du plaisir; je n'y fus pas moins sensible qu'elle.

Continuant notre conversation en revenant en ville, je ne sais à quel propos elle me dit qu'il y avoit quarante ans qu'elle étoit sortie de France. Ayant fait attention à cette époque, & m'étant rappellé qu'elle m'avoit dit quelques momens auparavant qu'elle étoit âgée de trente ans quand elle avoit quitté sa patrie, le total de mon addition me donna soixante-dix ans. J'eus de la peine à le croire, & mon inquiétude m'excita à lui proposer mon doute. Elle se leva bien vite, en me disant que j'avois calculé juste, & qu'elle n'avoit pas moins de soixante-dix ans passés. Je voulus lui dire, sans faire le gracieux, qu'au coup d'œil on ne lui en donneroit pas trente. Il se peut, me repartit-elle ; mais outre que je fuis d'un bon tempérament, & que je fais me févrer de tout ce qui peut le détruire, je fais encore ufage d'une liqueur de ma façon, qui me conferve en fanté & dans l'embonpoint où vous me voyez.

On doit bien penfer que malade comme j'étois, je fus tout oreilles pour l'écouter. Je m'imaginai d'abord que le Ciel vouloit finir les maux que mes débauches m'avoient préparés. L'efpérance que cette femme pourroit bien être l'inftrument dont il vouloit fe fervir, éclipfa mon chagrin, & la férénité reparut fur mon vifage. Elle s'en apperçut. Je fuis charmée, me dit-elle, de vous voir beaucoup mieux que quand je vous ai rencontré. C'eft le moindre effet, lui répondis-je, que puiffe faire fur moi votre préfence : & d'ailleurs, ajoutai-je, le bon cœur qui fe manifefte dans toutes vos manières gracieufes, m'eft garant que vous pouvez foulager les maux qui me rendent la vie ennuyeufe.

Elle me repartit que je penfois jufte, fi fon pouvoir alloit de pair avec fa bonne volonté. Je ne fuis pas préfentement en état, reprit-elle, de seconder vos espérances. Le restaurant efficace dont je fais usage, me manque, & c'est pour m'en refournir que je vais à Amsterdam. La liberté avec laquelle on y fait certaines opérations, qui sont suspectes presque partout ailleurs, est le seul motif du voyage que j'y fais. Madame, repris-je, travaille donc ce remède elle-même ? Elle me repartit, que jusqu'alors elle l'avoit fait toute seule, & qu'elle ne se joindroit à personne, à moins qu'elle ne trouvât quelqu'un digne de sa confidence. Heureux, Madame, repris-je, qui trouveroit l'occasion de la mériter ! Elle me repliqua que celui qui s'en croyoit le plus éloigné, étoit souvent celui qui s'en approchoit le plus.

Arrivant aux portes de la ville, je balançai à la quitter, de peur qu'elle n'eut quelque peine que j'y entrasse avec elle : mais ayant fait réflexion qu'étant étranger, personne ne devoit le trouver mauvais, je l'accompagnai à son logis ; & ayant voulu la quitter à sa porte, j'en reçus une politesse ordinaire aux gens de ma nation. Elle me pria de monter dans son appartement. Dieu fait si je la pris au mot. Oui, & de bon cœur, je lui donnai la main, & je l'accompagnai dans sa chambre, où elle m'avança un siége. Elle me mit en train de parler ; & voulant mériter sa confiance, je voulus lui faire voir que je la jugeois digne de la mienne. Je lui dis qui j'étois, & je lui fis un détail de ma vie, sans en oublier aucune circonstance, heureuse ou malheureuse.

Elle me donna toute son attention, sans laisser échapper aucun signe d'impatience ; & voyant que je cessois de parler : voilà bien des traverses, me dit-elle. Il me paroît que vos peines l'ont emporté sur vos plaisirs. Il faut espérer que le Ciel, toujours juste, les conduit à une entière proportion. Je n'ai pas lieu de m'en plaindre, ajouta-t'elle ; & si j'en ai éprouvé quelquefois les disgraces, il a eu la bonté de m'en indemniser ; & saisissant l'occasion elle me parla en ces termes :

» Je veux, dit-elle, payer votre con-
» fidence de la mienne. Mon père, je ne
» sais s'il vit encore, étoit, reprit-elle,
» un bon Gentilhomme, qui faisoit son
» séjour dans une de ses terres à deux

» lieues de Langres. Je n'ai que faire de
» vous dire comment les Demoiselles de
» campagne sont élevées, ni quelles sont
» leurs occupations. La charge du mé-
» nage, les soins d'une basse-cour en
» font les principales. Vous n'ignorez pas
» qu'on vit fort noblement dans nos Pro-
» vinces, quand on y a un petit Châ-
» teau, avec les terres qui lui sont atta-
» chées. Elles fournissent le pain, le
» vin, le bois, les légumes, joignez à
» cela la basse-cour, le colombier, &
» chasse. Avec ces secours on peut faire
» grosse chère ; une famille nombreuse
» se soutient avec honneur. L'hospitalité
» est noblement exercée ; une compag-
» nie ne sort point qu'elle ne soit aussi-
» tôt remplacée par une autre. La nape
» est toujours mise ; tout le monde est
» bien reçu ; il semble qu'il n'en coûte
» rien quand on a tout à prendre chez
» soi. Telle étoit la situation de mon père
» & de sa nombreuse famille.

» Ma mère étoit depuis dix ans rete-
» nue au lit, par une paralysie qui la
» rendoit percluse de tous ses membres.
» Ma sœur ainée étant occupée à la ser-

» vir, tout le ménage rouloit sur moi.
» Deux frères que j'avois étoient sans
» cesse à la chasse, pour que notre cro-
» chet fut toujours bien garni. On fai-
» soit vendre dans la ville une partie du
» gibier, pour acheter de la poudre & du
» plomb. J'y trouvois même du bon pour
» me donner certaines nippes, qu'on ne
» nous fournissoit pas ; de sorte que j'é-
» tois mieux mise que ma sœur, & de
» meilleur goût. Pour des Amans, nous
» n'en voyions point, quoique la maison
» fût toujours pleine de jeunes Cavaliers ;
» mais ils ne rendoient hommage qu'au
» Dieu du vin.

» Mon âge nubile étoit déjà plus que
» doublé, quand un Cavalier étranger
» vint nous demander l'hospitalité. Il fut
» réduit à faire cette démarche, par un
» violent orage dont il soutint l'impé-
» tuosité jusqu'à la nuit. Ne trouvant ni
» village, ni hameau, & ne sachant où
» aller, il alla prendre langue à une
» chaumière un peu écartée de son che-
» min. On lui dit qu'il avoit encore deux
» lieues à faire pour trouver une mau-
» vaise auberge. Il se mit à rêver sur le

» parti qu'il avoit à prendre ; & comme
» la Paysanne le vit déterminé à se mettre
» à l'abri chez elle jusqu'au jour, ne re-
» grettant que son cheval, qu'il ne pou-
» voit mettre à couvert de l'orage, qui
» étoit encore violent & qui dura toute
» la nuit, cette bonne femme le tira
» d'embarras. Elle lui dit qu'il y avoit
» un Chateau à une portée de fusil de
» la chaumière, où tout le monde étoit
» bien reçu. Il s'informa de la route qui
» y menoit ; & après l'avoir apprise, il
» fit ses libéralités à la bonne femme,
» & s'en vint au logis.

» N'attendant personne par le vilain
» temps qu'il faisoit, nous étions prêts à
» souper lorsqu'il frappa à la porte de la
» cour. Les gens de peine, qui logeoient
» dans un corps de logis tout auprès, fu-
» rent lui répondre, & lui ouvrirent.
» Cependant un d'entr'eux étant venu
» avertir mon père, il s'y en alla au
» plus vîte ; & voyant un homme de
» bonne mine, bien monté, & à la fleur
» de son âge, il n'attendit pas la fin de
» son compliment. L'ayant prié d'entrer,
» disant qu'il lui faisoit beaucoup d'hon-
» neur,

» neur, il l'introduisit dans la salle où
» nous étions ; ma sœur, mes frères &
» moi, nous y reçûmes des politesses,
» qui nous paroissoient d'autant plus par-
» ticulières, que nous y étions moins ac-
» coutumés. Vous venez à la bonne heu-
» re, Monsieur, lui dit mon père, nous
» étions sur le point de souper ; vous me
» ferez s'il vous plaît l'honneur de man-
» ger avec nous à la fortune du pot. Il ne
» lui convenoit pas d'user de façon ;
» aussi n'en fit-il point. Le hazard voulut
» que je me trouvasse occuper une place
» vis-à-vis de la sienne. Nous ne pou-
» vions ouvrir les yeux sans qu'ils se ren-
» contrassent. Je ne sais si je ne lus point
» dans les siens quelque chose de ten-
» dre pour moi ; mais soit par retour,
» ou par aventure, j'en fus éprise. C'est
» ainsi que l'amour décoche ses flèches à
» la sourdine. Cet aimable traître blesse
» lorsqu'on y pense le moins.

» Cependant la conversation fut tou-
» jours générale ; & s'il me dit quelque
» chose, ce ne fut que par les yeux. Mon
» père, qui étoit charmé de sa conver-
» sation, aussi spirituelle qu'amusante,

Tome III. M

» ne lui laissoit épuiser un sujet, que
» pour le mettre sur un autre. Il satisfit
» à tout, avec une éloquence naturelle
» & enjouée. Il nous donna à entendre
» qu'il avoit parcouru toute l'Europe,
» & beaucoup de climats des autres par-
» ties du monde ; mais nous ne pûmes
» jamais savoir d'où il étoit ; il ne toucha
» jamais là, & nous n'eûmes point l'im-
» politesse de nous en informer.

» Trouvant un moment vuide, il de-
» manda quelle étoit la maladie de ma
» mère ? Il s'étoit apperçu que mon père
» avoit reproché à ma sœur, qui se plai-
» soit à l'entendre, qu'elle oublioit ma
» mère, & qu'il étoit temps de lui don-
» ner son bouillon. On lui dit la nature
» du mal qui la retenoit au lit depuis
» si long-temps. Il demanda à la voir,
» disant qu'il pourroit peut-être lui ren-
» dre la santé. L'espérance qu'il nous
» donnoit, fit que dès qu'on fut hors de
» table, nous l'introduisîmes dans sa
» chambre. Il s'approcha de son lit, &
» après lui avoir fait un compliment très-
» court, il la flatta de sa convalescence.
» Ce n'est rien, lui dit-il, Madame ;

» c'est à l'ignorance des Médecins qui
» vous ont traitée, que vous devez at-
» tribuer votre état ; ils n'ont la plû-
» part qu'une routine qu'ils tiennent de
» leurs Maîtres, ou qu'ils se forment
» dans des Livres pleins d'erreurs, ils la
» suivent scrupuleusement, & tuent im-
» punément tous les malades, que la
» nature & la force du tempérament ne
» peuvent guérir. Il n'eut pas achevé de
» parler, qu'il tira une bouteille de sa
» poche, & ayant demandé du meilleur
» vin que nous eussions dans la maison,
» il en mit également dans deux verres.
» Je l'observois exactement. Il ne mit
» que six gouttes de sa liqueur dans cha-
» cun, & après en avoir bu un, il lui
» présenta l'autre. J'ai bu, lui dit-il, sans
» besoin, & j'en serai beaucoup mieux.
» Imitez-moi, Madame, ajouta-t'il, &
» je vous garantis votre santé.

» Ma mère qui s'ennuyoit dans son
» lit, où elle attendoit tous les jours la
» mort, prit le parti d'une femme d'es-
» prit & de courage ; & s'étant fait met-
» tre sur son séant, elle prit le verre de
» la main de l'étranger & le but. Voilà

» qui est bien, lui dit-il, tranquillisez-
» vous, & j'aurai demain l'honneur de
» vous voir au point du jour. Mon père
» & mes frères le ramenèrent dans la
» salle, & nous demeurâmes, ma sœur
» & moi, auprès de ma mère. Ma sœur
» eut beau me dire que je pouvois m'al-
» ler coucher, j'étois trop curieuse pour
» ne pas examiner les effets du remède.
» Je pris donc la résolution de passer la
» nuit dans la chambre de la malade.
» Ma surprise ne fut pas médiocre, lors-
» qu'ayant pris un flambeau, j'ouvris ses
» rideaux. Je lui vis un visage charmant ;
» mais humecté d'une rosée de bonne
» augure. Elle dormoit d'un sommeil
» doux & profond. Je priai ma sœur de
» tenir mon flambeau, & ayant glissé
» doucement la main sous les couvertu-
» res, je sentis qu'elle étoit dans une
» moiteur universelle.

» Ayant entendu l'étranger dans la
» salle qui s'entretenoit avec mon père,
» j'y courus aussi-tôt pour lui rendre
» compte de ce que je venois de voir.
» Il m'écouta, me regardant de l'air du
» monde le plus tendre. J'avoue que ses

» coups d'œil me mirent dans un dé-
» fordre qui ne lui fut pas inconnu. Ce-
» pendant je ne laiſſai pas de lui dire,
» en finiſſant mon rapport, qu'il ne nous
» avoit point prévenu que ſon remède
» feroit ſuer la malade. Il eſt vrai, me
» répondit-il, que je vous ai fait eſpé-
» rer la ſanté de Madame votre mère,
» ſans vous expliquer la manière dont
» mon remède la lui procureroit. Ne le
» ſachant pas moi-même, comment pou-
» vois-je vous le dire? Je laiſſe ces fan-
» faronnades aux Charlatans & aux Im-
» poſteurs, & je me contente de don-
» ner à un malade ce qui peut le forti-
» fier dans le combat qu'il livre à ſon
» mal, afin qu'il le ſurmonte & qu'il
» en ſoit victorieux. Tout ce que je ſais,
» c'eſt, ajouta-t'il, que la nature ſe ſert
» à propos du ſecours que je lui donne.
» Elle chaſſe ſon ennemi par des voies
» qu'elle peut choiſir elle ſeule. Il n'eſt
» point d'homme ſur la terre qui puiſſe
» les déterminer. Dès que vous m'ap-
» prenez que Madame votre mère eſt
» dans une douce moiteur, vous m'en
» dites aſſez pour que j'oſe vous aſſurer

M iij

» que demain elle soupera avec sa fa-
» mille dans cette salle, & qu'elle y
» fera aussi bonne figure qu'elle ait fait
» de sa vie. Cela étant comme vous l'as-
» surez, repris-je, vous ne pouvez ce
» me semble, vous dispenser de lui faire
» compagnie. Assurément, dit mon père
» sans lui donner le temps de répondre,
» & je compte là-dessus. Il ne fit ni
» minauderies, ni façon. Il se contenta
» de me saluer en me donnant un coup
» d'œil des plus vifs, & de répondre
» en même-temps à mon père, qu'il
» étoit charmé de l'espérance que nous
» lui donnions de boire à table avec la
» malade, comme il avoit eu le plaisir
» de boire avec elle auprès de son lit.
» Mais pourquoi, repris-je, ne suez-
» vous pas comme elle, puisque vous
» avez pris le même remède ? C'est, re-
» partit-il d'un air gracieux, parce que
» je n'ai point de mal, Mademoiselle,
» & que je me porte parfaitement bien,
» à votre service.

» Ces paroles, qu'il m'adressa d'un
» air tendre, me firent monter le rouge
» au visage. Craignant que mon père ne

» le prit dans le sens que je les enten-
» dois, & qu'assurément il me les avoit
» dites, je fus si déconcertée, que mal-
» gré le plaisir que me faisoit sa conver-
» sation, il fallut me retirer. Cependant
» mon père, qui me tournoit le dos,
» ne pouvoit s'en appercevoir. Je rentrai
» dans la chambre de ma mère, conten-
» te de moi-même. Une fille a beau dé-
» guiser, elle est toujours ravie d'être
» aimée; & quand elle en est persuadée,
» l'amour qu'elle reçoit lui en fait naître
» de toute nécessité. Je me trouvai dans
» le cas, & mon sort me paroissoit doux.
» Le cœur est un héros qui se glorifie
» de toutes ses conquêtes.

» Cependant mon amour naissant n'é-
» clipsa point ma curiosité. Je donnai
» également mon attention aux merveil-
» les qui s'opéroient dans ma bonne mè-
» re. Sa moiteur continuoit encore, &
» elle dura autant que son tranquille
» sommeil, qui ne finit qu'au point du
» jour. Elle s'éveilla riante, & appella
» ma sœur qui s'étoit endormie. Je m'ap-
» prochai pour lui répondre. N'étant pas
» accoutumée à recevoir de moi les

» petits services dont elle avoit besoin,
» elle fut surprise de me voir remplir la
» place de ma sœur. Est-ce toi, Nanon?
» me dit-elle. C'est moi-même, lui ré-
» pondis-je. Hé bien, ajoutai-je, com-
» ment vous trouvez-vous? Elle me
» repartit, qu'elle étoit fort bien, &
» me demanda un bouillon. Je le lui
» fis chauffer aussi-tôt, & avant de le
» lui porter, je voulus la relever sur
» son séant, comme on faisoit ordinai-
» rement pour le lui faire prendre. Mais
» elle me dit qu'elle n'avoit pas besoin
» de moi, & se relevant elle-même à
» l'instant, j'eus le plaisir de la voir se
» servir de tous ses membres. Sa langue
» qui depuis son accident avoit toujours
» été embarrassée, étoit parfaitement
» libre; elle n'avoit jamais si bien arti-
» culé, ni avec tant de rapidité.

» Dès que j'eus payé le tribut qu'exi-
» geoient de moi la nature & le sang,
» je ne pouvois décider si le plaisir que
» j'avois de la convalescence de ma
» mère, m'étoit plus sensible que celui
» de la réputation de l'Etranger. Mon
» cœur étoit également touché de la

» guérison de ma mère, & de l'habile-
» té de celui qui la lui avoit procurée.
» Je n'aurois sû dire lequel des deux
» m'étoit le plus cher. Je n'ai jamais
» mieux compris qu'alors, que l'amour
» unit plus étroitement que le sang. Je
» conçus une admiration intéressée de
» de l'équité de la nature.

» Ma sœur s'étant éveillée au ton
» haut & fort dont ma mère avoit
» parlé, fut agréablement surprise,
» voyant qu'elle touchoit à l'heureux mo-
» ment qui l'alloit délivrer de la pénible
» tâche de soigner ma mère. Hé, mon
» Dieu ! dit-elle, est-ce ma chère mère
» qui parle ? Oui, oui, ma fille, lui
» répondit ma mère d'un ton ferme, je
» me porte mieux que jamais. Tous mes
» membres sont libres, & je veux me
» lever tout-à-l'heure. Ha, lui dis-je,
» ma chère mère ! ne faites pas cela, je
» vous prie ; attendez, s'il vous plaît,
» les avis de l'Etranger qui vous traite ;
» & la quittant brusquement, je courus
» à son appartement pour l'éveiller, en
» frappant à sa porte. Que l'amour est
» ingénieux ! n'est-ce point lui qui m'ins-

» pira de mettre cette occasion à profit?
» Aussi aise de voir mon Etranger que
» de lui demander ses avis, je montai
» pour satisfaire mon espérance. Mais je
» n'eus pas la peine d'aller jusqu'à son
» appartement, je le rencontrai dans le
» corridor qui y conduit. Je fus inter-
» dite en l'abordant. Voyant que je ne
» parlois pas, il me prit par la main, &
» me demanda comment j'avois passé la
» nuit ? Cette avance me fit recouvrer
» la parole pour lui répondre; & lui
» ayant demandé à mon tour, s'il avoit
» bien reposé ? Autant bien qu'il se peut,
» me repliqua-t'il, quand on a l'esprit &
» le cœur remplis de vos attraits. Je ne
» lui fis d'autre repartie qu'une profonde
» révérence, & je le priai de descendre
» dans la chambre de ma mère, qui
» souhaitoit lui parler. Je ne me suis
» point informé, reprit-il, comment elle
» se porte. Je ne m'informe jamais de
» ce que je sais; & je sais qu'elle se
» porte mieux qu'elle n'a fait de sa vie;
» & me prenant la main que je ne pus
» lui refuser; allons, dit-il, Mademoi-
» selle, allons nous réjouir avec elle de
» sa guérison.

» Dès que ma bonne mère l'apperçut,
» elle fut saisie de si tendres sentimens
» de reconnoissance, qu'elle ne pût d'a-
» bord les exprimer que par des sanglots
» & des larmes. Elle lui prit la main,
» & la tint avec tant de force, qu'elle
» la baisa mille fois, malgré lui. Ce
» spectacle touchant m'attendrit, & je
» ne pus lui refuser des larmes. Mon
» père & mes frères, qui comme de con-
» cert entrèrent dans la chambre, furent
» également acteurs dans cette scène.
» Leur reconnoissance égalant leur sur-
» prise, ils se jetèrent tous ensemble au
» cou de ce généreux Etranger. Des ma-
» nières si naturelles & si tendres, ne
» pouvoient que le persuader qu'il n'a-
» voit pas obligé des ingrats.

» Ma mère ayant recouvré la liberté
„ de parler, se contenta simplement de
„ le remercier, lui disant, qu'ayant été
„ témoin de la situation où l'avoit mise
„ sa juste gratitude, il n'avoit pas besoin
„ d'autre preuve pour être convaincu
„ qu'elle sentoit lui être redevable de
„ sa santé. Après avoir vu & écouté toute
„ cette scène d'un air tranquille & serein,

« il dit qu'il remercioit le Ciel de l'a-
« voir conduit au logis, pour y faire
« l'œuvre qu'il regardoit comme la plus
« agréable & la plus précieuse de sa vie.
« Et adressant la parole à ma mère ; vous
« êtes guérie, lui dit-il, Madame. Ce-
« pendant vous avez encore une doze
« du même remède à prendre pour con-
« firmer votre guérison. Vous êtes le
« maître, lui répondit-elle ; je suis dis-
« posée à faire tout ce qu'il vous plaira.
« Il eut aussi-tôt recours à sa petite bou-
« teille ; je l'avois assez bien remarquée
« pour la reconnoître ; & voyant qu'on
« ne lui apportoit qu'un verre ; pour-
« quoi, dit-il, veut-on me priver de
« l'honneur de boire avec Madame ? Ce
« n'est pas dans cette vue qu'on en agit
« ainsi ; lui dit ma mère, c'est unique-
« ment pour vous marquer la confiance
« que nous avons tous en votre probité.
« Il n'est pas nécessaire, reprit-il, de
« m'en donner d'autres preuves, après
« celles que j'ai reçues ; & s'adressant à
« moi, je vous prie, me dit-il, Made-
« moiselle, de me faire apporter autant
« de verres que nous sommes ici de

» personnes. Je courus au plus vite les
» chercher moi-même, & je les tins
» entre les mains pour avoir le plaisir
» de les lui préſenter à meſure qu'il me
» les demanderoit.

» Mon père, qui comprit ſon deſſein,
» le prévint en le remerciant de ſa li-
» queur, diſant qu'il n'en prendroit cer-
» tainement pas. Outre que je n'en ai pas
» beſoin, dit-il, c'eſt qu'elle eſt trop
» précieuſe pour la prodiguer. Mes frè-
» res & ma sœur, qui haïſſoient infi-
» niment tout ce qu'on appelle remède,
» proteſtèrent tous d'une voix qu'ils n'en
» vouloient point du tout ; mais je ne
» les imitai pas. C'eſt, dis-je, parce que
» cette liqueur eſt précieuſe que je ſuis
» bien aiſe d'en goûter, puiſque Mon-
» ſieur me fait la grace de m'en offrir.
» Oui, me répondit-il, & du meilleur
» de mon cœur. Il doza la priſe pour
» ma mère, & en mit neuf gouttes dans
» ſon verre. Il en mit autant dans le
» ſien, & il n'en verſa que quatre dans
» celui qu'il me deſtinoit. Je me recriai
» ſur cette foible doze. Il ſe mit à rire,
» & dit qu'il en donnoit peu aux filles,

„ pour ne pas les rendre trop amoureu-
„ ses. Toute la compagnie éclata, & je
„ rougis ; mais m'étant remise, versez en
„ donc davantage, lui dis-je. S'il est vrai
„ qu'elle produise cet effet, on n'en
„ sauroit trop prendre. Il reprit son sé-
„ rieux, & me dit que sa liqueur prise
„ à une certaine doze sans besoin, éprou-
„ voit trop le corps. M'étant donc con-
„ tentée de ma doze, nous choquâmes
„ les verres, & avalâmes notre liqueur.
„ Ma mère ne l'eut pas plutôt prise,
„ qu'elle en sentit l'effet ; elle s'endor-
„ mit à l'instant. Mais ce remède opéra
„ chez moi tout le contraire ; car je ne
„ fus jamais si éveillée. Tout ce que je
„ sentis d'abord, fut une douce chaleur
„ vivifiante, qui s'étendit tout d'un coup
„ depuis la plante des pieds jusqu'au som-
„ met de la tête. Je me sentois d'une
„ force supérieure à mon tempérament
„ & à mon sexe ; & deux heures après
„ l'avoir prise, j'eus une faim dévo-
„ rante. Ne pouvant y résister, je man-
„ geai extraordinairement, & ce ne fut
„ qu'une disposition à manger encore
„ mieux à dîner. Quoique je fusse char-

» mée d'avoir cet officieux Etranger
» dans la maison, je ne laissai pas d'a-
» voir du dépit que mon père le possé-
» dât tout entier. J'avois beau faire la
» guerre à l'œil pour tâcher de l'entrete-
» nir a la place de mon père, s'il venoit
» à s'en éloigner, pour vaquer à des af-
» faires journalières dont il ne manquoit
» point, je ne trouvai jamais le mo-
» ment. Il sembloit que mon père n'eut
» ce jour-là rien à faire, ou qu'il né-
» gligeât ce qui l'occupoit ordinairement.
» Pour mes frères, outre qu'ils ne m'é-
» toient point suspects, ils étoient allés
» à la chasse, pour mieux régaler notre
» gracieux bienfaicteur. Lasse de m'en-
» tretenir moi-même de cet aimable su-
» jet, je m'en allai joindre ma sœur dans
» la chambre de ma mère, & je le mis
» aussi-tôt sur le tapis. Elle étoit assez
» indifférente; mais néanmoins j'eus la
» sarisfaction de la trouver de mon goût;
» sans craindre qu'elle fût ma rivale. Elle
» avoit remarqué les qualités de son es-
» prit & de sa personne. Elle les rehaussa
» de son mieux, & m'avoua qu'il mé-
» ritoit d'être aimé. Je fus contente de

„ cette approbation ; il n'en falloit pas
„ tant pour m'autoriser à m'en assurer la
„ conquête. Je la quittai, par un certain
„ pressentiment où je fus, que je trou-
„ verois l'occasion de lire dans son cœur;
„ & ne doutant pas qu'il ne fît pas un
„ long séjour au logis, je me détermi-
„ nai, malgré toutes les réflexions in-
„ commodes qui se présentèrent à mon
„ esprit, & qui n'étoient fondées que
„ sur le préjugé d'une éducation pleine
„ d'artifice, à ne rien ménager pour lui
„ marquer du retour. J'étois même dans
„ la disposition à lui faire quelqu'avan-
„ ce, pour peu qu'il m'eût marqué y
„ devoir répondre. Je ne fus pas sortie
„ de la chambre de ma mère pour aller
„ dans une autre, afin d'y consulter le
„ miroir, que je le vis par une fenêtre
„ du corridor se promenant seul dans
„ le jardin.

„ Je courus vite à la cuisine, & ayant
„ dit à la cuisinière que j'allois cueillir
„ une salade & de menues herbes pour
„ l'assortir, je pris une serviette & un
„ panier. Cet équipage couvroit parfai-
„ tement bien mon prétexte. Il me tour-

,, noit le dos quand j'entrai dans le jar-
,, din. L'allée qu'il avoit enfilée étoit
,, fort longue, & craignant avoir tout
,, le temps de cueillir mes herbes fans
,, en être apperçue, l'amour m'infpira
,, d'éternuer, pour qu'il fe tournât de
,, de mon côté. L'expédient me réuffit ;
,, il m'entendit. Je ne fais s'il ne penfoit
,, pas alors à moi ; & m'ayant faluée pro-
,, fondément, & après avoir reçu ma ré-
,, vérence, il vint à moi comme j'entrois
,, dans un quarré garni de toutes fortes
,, d'herbes propres à la falade.

,, Après m'avoir demandé fi ma chère
,, mère dormoit encore, il ajouta, pour-
,, quoi je ne dormois point auffi ? Je lui fis
,, la même queftion. Il me répondit que
,, quand on étoit bleffé au cœur, il étoit
,, bien difficile de prendre du repos. Hé
,, quoi, Monfieur, repartis-je, me
,, croyez-vous donc invulnérable, & à
,, l'abri d'une bleffure femblable à la
,, vôtre ? Plût au Ciel, me repliqua-t'il,
,, fuffions-nous bleffés tous deux du même
,, trait ! Hélas, repris-je, cela fe pour-
,, roit bien ! Et peut-être en ferions nous
,, convaincus, s'il m'étoit permis d'entrer

„ dans un éclairciſſement ſi délicat. Nous
„ ſuivîmes aſſez long-temps cette con-
„ verſation, toujours ſur un ton fort
„ équivoque ; mais enfin il me parla clai-
„ rement.

„ Je vous aime vivement, me dit-il:
„ j'oſe vous le dire, quoique je doive
„ pour de grandes raiſons m'attendre à
„ vous voir punir ma témérité de votre
„ indifférence, que je redoute plus que
„ la mort. Je lui répondis, qu'il n'avoit
„ rien dit de trop, ſuppoſé qu'il dît vrai.
„ Il m'approcha de plus près, & me dit
„ trois paroles ſeulement, que je ne ré-
„ péterai de ma vie. Elles furent ſi affi-
„ caces, que je lui dis en propres ter-
„ mes : Je m'acquitte de mes dettes, je
„ vous dois mon cœur & ma perſonne,
„ je ſuis prête à ſuivre votre ſort. On doit
„ bien s'imaginer que je ne lui fis pas cet
„ aveu ſans émotion ; mais le calme lui
„ ſuccéda bientôt. Je ſortis du quarré
„ d'où je lui parlois dans l'allée. Il me
„ donna la main pour m'aider à franchir
„ la platte-bande ſans la fouler aux pieds.
„ Il me ſerra même ſi fort, que j'en eus
„ le petit doigt diſloqué. N'ayant pu

„ m'empêcher de pousser un petit cri;
„ Voilà ma charmante compagne, me dit-
„ il, l'unique mal que vous aurez de vo-
„ tre vie. Il étoit écrit que vous le souf-
„ fririez tôt ou tard. J'ai voulu vous le
„ faire moi même, pour finir dès-à-pré-
„ sent toutes vos peines. Il m'accompagna
„ jusqu'à l'entrée du salon, & sans per-
„ dre le temps à me compter fleurettes,
„ il me dit que je me disposasse à partir
„ le lendemain; mais qu'il me prioit ins-
„ tamment de sortir du logis les mains
„ vuides. Je suis en état, ajouta-t'il, de
„ vous tenir lieu de tout. Il n'oublia pas
„ de me marquer un rendez-vous. Il avoit
„ remarqué un vieux & gros orme au mi-
„ lieu d'un taillis qui bordoit un chemin
„ que je connoissois; ce fût-là où il me
„ dit de l'aller attendre le lendemain, &
„ de m'y trouver à la pointe du jour.
„ J'acceptai tout, sans aucune résistance,
„ & lui ayant serré la main, je fus porter
„ mes herbes à la cuisine.

„ J'en sortis au plus vite pour me re-
„ tirer dans ma chambre; une seule ré-
„ flexion m'y occupa. Je ne pouvois re-
„ venir de mon étonnement, de ce que

„ la pudeur, le préjugé de l'éducation,
„ & le fot qu'en dira-t'on, ne fe révol-
„ tèrent point quand je me livrai à mon
„ Amant. Je demeurai bien un gros quart
„ d'heure plongée dans une grande rêve-
„ rie. J'en fortis enfin, en me rappellant
„ les trois paroles qu'il m'avoit dites dans
„ le jardin : & s'il m'étoit permis de les
„ révéler, il n'eſt point de Lucrèce qui
„ ne m'applaudit.

» Je ne parlai plus de toute la journée
„ à mon aimable ravisseur ; mais je ne
„ ceſſai pas un moment de m'en occuper.
„ J'eus cependant tout le temps de faire
„ des réflexions fur la démarche que j'al-
„ lois faire pour le poſſéder. Je favois
„ de fa propre bouche ce qu'il valoit, &
„ j'aſſure avec vérité que toutes les cou-
„ ronnes n'auroient pu me dédommager
„ de fa perte. Il avoit déjà mon cœur,
„ ma parole & ma foi. Ce n'étoit pas pour
„ retirer tous ces gages de mon amour,
„ que je me propofai de lui parler avant
„ qu'il fe couchât : je voulois feulement
„ le tâter, pour voir s'il ne pourroit pas
„ m'obtenir de mes parens, & m'épouſer
„ dans leur maiſon. L'ayant donc rencon-

„ tré à la brune dans la basse-cour, com-
„ me il venoit de voir son cheval, je
„ l'arrêtai pour lui faire ma proposition.
„ Il me répondit que deux grandes rai-
„ sons rendoient la chose impossible. La
„ première, c'est qu'il n'étoit pas de ma
„ Religion, & qu'il professoit le Soci-
„ nianisme. L'autre étoit, le serment sa-
„ ge & prudent qu'il avoit fait de ne ja-
„ mais dire son nom à personne qu'à une
„ femme, s'il en prenoit une. Il m'en dit
„ plusieurs autres, qui sans être aussi for-
„ tes, ne laissoient pas de rendre notre
„ union impossible si nous avions voulu
„ la faire, selon les loix & les usages
„ ordinaires. Voilà qui est fait, lui dis-
„ je, je suis toute résolue à me livrer en-
„ tre vos bras. Vous le pouvez, me
„ répondit-il en toute sûreté ; & pour
„ fortifier ma confiance, il me répéta les
„ trois paroles qu'il m'avoit dites dans le
„ jardin. Elles répandirent un si heureux
„ calme dans toutes les facultés de mon
„ ame, que jamais plus je n'eus la moin-
„ dre inquiétude sur mon sort. J'étois
„ sûre d'être la plus heureuse femme de
„ la terre. L'événement a justifié que

» mon assurance étoit fondée.

» Le souper fut servi presqu'à l'instant ;
» ma mère qui s'étoit levée à trois heu-
» res après-midi, sans aucune aide, y
» prit sa place. Elle mangea d'un appétit
» charmant, & elle fut de la meilleure hu-
» meur du monde. Tâchant de l'imiter,
» je fis cent contes plaisans pendant toute
» la table. On me trouva fort extraordi-
» naire ; mais je jouois de mon reste ;
» je n'avois plus rien à perdre. Vers la
» fin du souper, qui fut assez long, ma
» bonne mère voulant encore caresser
» son sauveur, le pria de lui donner en-
» core le lendemain, & qu'il partiroit
» ensuite quand il lui plairoit. Mon père,
» toute la famille enfin, & moi-même,
» nous joignimes nos instances aux desirs
» de ma mère. Mais en vain ; il allégua
» des raisons si plausibles, qu'il y auroit
» eu une extrême impolitesse à le presser
» davantage. Dieu sait si j'en fus bien aise.
» Oui, certainement, le jour qu'on lui
» demandoit, m'auroit paru plus d'un
» siècle, si l'on eût reculé de ce temps-
» là ma félicité.

» Il arriva ce jour si desiré, & je le

« vis poindre avec une joie sans pareille.
» Les premières lueurs de l'aurore éclai-
» rèrent mes pas jusqu'à l'entrée du tail-
» lis où étoit notre rendez-vous. Mon
» incomparable Amant m'attendoit sous
» l'orme; mais il ne m'y attendit pas
» long-temps. A peine avoit-il eu celui
» de mettre pied à terre, afin de dispo-
» ser toutes choses pour me mettre à
» cheval. Il me chauffa vite une paire de
» ses souliers, me mit ses bottines, me
» coëffa d'une de ses perruques & de son
» propre chapeau, se contentant de son
» bonnet de nuit. Il m'enleva & me mit
» à cheval; & ayant jeté son manteau
» sur mes épaules, en sorte qu'il cachât
» mes jupes, il marcha devant moi pour
» me guider, son épée lui tenant lieu de
» canne ou de bâton.
» Il prit le chemin de Langres, d'où il
» étoit sorti l'avant-veille trois heures
» avant la nuit, & il me mena si bon
» train, qu'assurément nous y arrivâmes
» que les trois quarts des habitans étoient
» encore au lit. C'étoit le vrai moyen
» de dérouter les plus fins espions. En
» arrivant à une grosse auberge que je

„ connoiſſois très-bien, il me fit entrer
„ dans la cour, & ſous prétexte qu'il
„ conduiſoit un Officier malade, le va-
„ let d'écurie qui étoit le ſeul témoin,
„ ne s'étonna point de le voir m'enlever
„ de deſſus mon cheval, & de me por-
„ ter tout de ſuite dans la chambre, où
„ il me mit auſſi-tôt dans un lit. Il m'y
„ laiſſa & deſcendit ſur le champ pour
„ panſer ſon cheval à la place du pal-
„ frenier, qu'il envoya vite chercher une
„ chaiſe de poſte, en lui diſant que plus
„ il ſeroit actif plus il ſeroit payé. Il
„ aimoit ſans doute l'argent, car il re-
„ vint très-vite, amenant avec lui la
„ chaiſe de poſte avec un poſtillon.

„ Mon Amant jugea à propos de pro-
„ fiter du temps, & ſans avoir rien pris
„ ni l'un ni l'autre, nous partîmes en
„ prenant la route d'Orléans. Le poſtillon
„ n'ayant point d'ordre d'aller plus loin
„ qu'à la première poſte, il ne nous fut
„ pas poſſible de le faire paſſer outre.
„ Mon Amant fut obligé d'acheter la
„ chaiſe, & d'en donner le prix que
„ l'eſtima le Maître de poſte de ce lieu.
„ Mais

" Mais ce n'est pas en de pareilles cir-
" constances que l'épargne & l'économie
" font de saison. Le cheval de mon
" Amant fut apprécié, & il fit partie du
" prix qui fut donné pour la chaise.

" Si je fus au comble de la joie de
" nous voir une voiture qui nous met-
" toit à l'abri des Argus, & si favora-
" ble à mon évasion, je n'eus pas moins
" de plaisir d'avoir la compagnie de mon
" Amant dans la chaise. Il m'y fit cent
" protestations d'un amour éternel, &
" pour la première fois de sa vie, il
" me demanda un baiser, que je lui ac-
" cordai avec une tendresse sans égale,
" & qu'il prit avec un respect infini, qui
" me déplut beaucoup plus que s'il en
" eût eu moins. Ce furent-là les bornes
" de nos caresses, auxquelles nous fî-
" mes succéder un entretien sur nos af-
" faires. Il m'apprit son nom, sa nais-
" sance, ses qualités. Je n'en ai jamais
" parlé à personne ; & quoiqu'il soit
" mort, j'en garderai le secret à ses mâ-
" nes. Je fus très-satisfaite de connoître
" l'objet de mon amour, & de savoir

„ que je ne m'étois pas mésalliée. Je
„ comptois tout le reste pour rien, tant
„ je trouvois en lui de quoi m'en indem-
„ niser au centuple.

„ Nous arrivâmes enfin à Orléans,
„ sous les auspices de l'amour. Je ne dé-
„ guisai plus mon sexe. J'avois quitté les
„ souliers, la perruque, les bottines &
„ le chapeau, & j'avois repris mes har-
„ des. En entrant dans le faubourg de
„ cette Ville, mon Amant fit arrêter le
„ postillon, & le payant, il lui dit de
„ s'en retourner, sans s'arrêter, pour
„ aller chercher sa montre qu'il avoit ou-
„ bliée à l'auberge d'où nous étions
„ partis. Il lui donna une lettre bien ca-
„ chetée, sans autre écriture que l'a-
„ dresse ; & lui mit un écu à la main,
„ avec promesse de lui en donner deux
„ s'il lui rapportoit réponse avant midi à
„ l'auberge où la chaise étoit arrêtée.
„ Ce n'étoit, comme on le sent bien,
„ qu'un prétexte pour dépayser le postil-
„ lon, qui n'auroit point manqué de dire
„ à tous ceux de l'auberge où il seroit
„ descendu avec nous, que j'étois un se-

„ cond Tyrésias ; qu'il m'avoit vu hom-
„ me le soir, & femme le matin. Le
„ pauvre garçon content de son écu, &
„ l'espérance d'en avoir encore deux au-
„ tres, tourna bride sur le champ, & nous
„ laissa en pleine liberté.

„ Nous entrâmes dans l'auberge, qui
„ n'étoit ni bonne ni mauvaise, & peu
„ nous importoit; & après nous être fait
„ servir à déjeûner, nous envoyâmes
„ chercher des chevaux de poste pour
„ continuer notre route. Je l'ignorois,
„ je n'en étois pas inquiète. Nous prî-
„ mes celle de Chartres, d'où ayant gag-
„ né Calais nous passâmes en Angleterre.
„ Nous nous y mariâmes, selon les loix
„ du pays, quoique nous nous en em-
„ barrassassions fort peu l'un & l'autre.
„ La cérémonie n'ajouta rien à notre
„ amour; nos cœurs étoient déjà si étroi-
„ tement unis, que rien au monde n'é-
„ toit capable d'en serrer plus fort les
„ nœuds, non plus que de les défaire.

„ Je vous ennuyerois s'il falloit que je
„ vous rendisse compte de mille cir-
„ constances du reste de ma vie, & sur-

„ tout des attentions infinies qu'il avoit
„ pour moi : il m'a communiqué tous ses
„ secrets, sans aucune réserve. Celui
„ dont il fit l'application à ma mère, en
„ est un impayable ; mais il n'est que la
„ branche d'un tronc plus précieux. Je
„ l'ai déjà travaillé trois fois ; deux avec
„ feu mon époux, & une depuis sa
„ mort. Il fut tué par un coup de mé-
„ prise à Vienne en Autriche. C'est donc
„ pour la quatrième fois que je vais faire
„ cette opération. Ma liqueur pourroit
„ me manquer ; je veux prévenir le be-
„ soin que j'en puis avoir. Je vous en
„ promets, Monsieur, ajouta-t'elle,
„ plus qu'il ne vous en faut pour re-
„ couvrer une parfaite santé. C'est tout
„ ce que je puis faire pour votre ser-
„ vice. „

Quelque étonné que je fusse d'entendre une histoire si singulière, j'en fus moins frappé que de l'offre gracieuse que cette bonne Dame me fit de sa liqueur ; je l'aurois préférée à toutes les richesses de la terre. Mais combien peu est agréable l'usage qu'on en peut faire, lorsqu'on n'a pas la santé, qui est l'assaisonnement essentiel de tous les plaisirs de la vie ! Je lui marquai d'avance des sentimens de la plus vive reconnoissance, & je lui offris de consacrer à son service les jours qu'elle avoit dessein de me conserver.

A notre arrivée à Amsterdam je lui procurai un appartement. Je souhaitois en trouver un près du mien ; mais il me fut impossible. Elle fut même obligée d'en prendre un fort loin de chez moi. Mon assiduité à lui rendre mes devoirs, me fit auprès d'elle un certain mérite, que je soutins par de petits services que je trouvois occasion de lui rendre. Je ne manquois pas à lui faire ma cour tous les jours; elle m'en savoit bon gré ; & j'avois lieu de juger par ses manières, qu'elle me tiendroit la parole qu'elle m'avoit donnée. Hélas j'y comptois ; mais aussi je ne comptois pas que la fortune me dût éloigner du tout au tout de mon compte.

Elle commença son opération en ma présence. Elle se cachoit même si peu de moi, que si j'eusse été Artiste, j'aurois découvert son secret. Je vis bien qu'elle se servoit d'antimoine, de vitriol, & d'une liqueur qu'elle avoit tirée des cailloux transparens, avec le secours de différens sels; mais je n'étois pas assez initié dans cet art admirable pour retenir ses opérations, ni pour connoître même plusieurs autres drogues qu'elle y employoit.

Au reste j'espérois si fort d'avoir une certaine quantité de sa liqueur, que je ne pensois pas à lui dérober son secret. Un ami qui m'attira à Leyde où je ne croyois séjourner que deux jours, me fit déchoir de mes espérances. Malheureux que je fus de n'avoir point tenu pied à boule à cette officieuse femme ! Je ne fus pas plutôt arrivé chez mon ami, que j'y fus entrepris de tous mes membres sans pouvoir m'en servir absolument. J'écrivis à mon officieuse Dame, jusqu'à trois fois, sans en recevoir aucune réponse. Je n'en fus plus surpris à mon retour à Amsterdam, où j'appris de son hôtesse qu'elle ne savoit point écrire. Ayant toujours demeuré à la campagne, on l'avoit plus occupée au ménage qu'à cette partie de son éducation.

Les soins que mon ami me fit donner par d'habiles Médecins, me mirent en état de retourner à Amsterdam après dix-sept jours d'absence. Il me restoit quelque lueur d'espérance de l'y trouver encore ; mais elle étoit partie, après avoir été trois fois au logis pour s'informer de moi. Il n'est pas difficile de se figurer le triste état où me jeta son départ : la maladie dont je relevois en fut renouvellée ; & peu s'en faut qu'à présent même que je le décris, la plume ne me tombe des mains. Aucun plaisir n'est fait pour moi ; le destin ne me prépare que des peines.

Il devroit pourtant bien se lasser de me poursuivre avec autant d'opiniâtreté. Il m'a pris à tâche depuis la mort de ma chère cousine, ma tendre épouse, de l'incomparable Ferdinande. Ciel ! puis-je survivre à l'articulation du nom d'une si charmante personne ? Adieu fortune, plaisirs ; adieu doux repos de ma vie ; tout cela est descendu avec elle dans le tombeau. J'en ai quelquefois eu de foibles lueurs ; j'ai cru tenir la fortune entre les mains ; je m'en félicitois ; & du même coup d'œil je l'ai vue s'envoler d'un aile rapide, comme un moineau qui s'échappe des mains d'un enfant qui n'a pas l'avifement de le retenir. Ma vie n'eft plus qu'un tiffu de chagrin & de peines, afforti du regret amer du paffé, & d'une défefpérante incertitude de l'avenir. Je n'ai plus d'autre agrément dans ce monde, que l'efpérance de voir finir mes malheurs avec mes jours.

FIN.

www.ingramcontent.com/pod-product-compliance
Lightning Source LLC
Chambersburg PA
CBHW062015180426
43200CB00029B/1062